Nicole Nemni-Nàtaf

Corinne Touati

Anglais

6e

11/12 ANS

NIVEAU A1/A1+ du CECR

HATIER | CHOUETTE ENTRAÎNEMENT

Suivi d'édition : Paloma Cabot
Maquette intérieure : Frédéric Jély
Illustrations : Axel Renaux (intérieur) ; Guillaume Trannoy (dessins de la chouette)
Mise en page : Nadine Aymard

ISBN : 978-2-218-92457-6

Sommaire

Index des objectifs de communication 4
Mode d'emploi 5

Le groupe nominal

1. Les noms 6
2. L'article indéfini *a / an* 8
3. L'article défini *the* 10
4. *Some, any, a lot of* 12
5. Les déterminants possessifs 14
6. Le génitif 16
7. *This* et *that* 18
8. Les pronoms personnels 20
9. Les adjectifs qualificatifs 22
10. Les prépositions de lieu 24

Le groupe verbal

11. *Be* au présent (1) 26
12. *Be* au présent (2) 28
13. *Have got* 30
14. *Can* et *can't* 32
15. *Must* et *mustn't* 34
16. Le présent simple 36
17. Le présent en *be* + *V-ing* 38
18. Présent simple ou présent en *be* + *V-ing* ? 40
19. *Be* au prétérit 42
20. Le prétérit : verbes réguliers et irréguliers 44
21. L'expression de l'avenir 46
22. L'impératif 48
23. Les adverbes 50

La phrase

24. Les questions 52
25. Les phrases réduites 54
26. Les nombres 56
27. La date et l'heure 58

Lexique des exercices 60
Index grammatical 64

Les corrigés des exercices sont situés dans un cahier central paginé de 1 à 32.
Ce cahier comprend également un mémento de conjugaison anglaise, pages 15 à 18.

Index
des objectifs de communication

Établir des relations sociales

- Saluer, prendre congé .... p. **56**, ex. 1
- Se présenter, présenter quelqu'un .... p. **19**, ex. 3 • p. **25**, ex. 3 • p. **26**, ex. 1
- Parler de sa famille .... p. **30**, ex. 1
- Indiquer le lien de parenté .... p. **16**, ex. 1-2
- Indiquer le métier .... p. **9**, ex. 3-4

Informer, s'informer

- Parler de l'existence de quelque chose. . p. **12**, ex. 1 • p. **13**, ex. 3 • p. **28**, ex. 1 • p. **29**, ex. 3
- Décrire quelque chose .... p. **22**, ex. 1-2 • p. **23**, ex. 3
- Exprimer la possession .... p. **14**, ex. 1 • p. **15**, ex. 3-4 • p. **17**, ex. 3-4 • p. **31**, ex. 2-3
- Demander le prix .... p. **56**, ex. 1
- Situer dans l'espace .... p. **24**, ex. 1-2
- Situer dans le temps .... p. **58**, ex. 2
- Demander, dire l'heure .... p. **59**, ex. 3
- Exprimer la fréquence, l'habitude .... p. **37**, ex. 3 • p. **50**, ex. 2
- Parler du présent .... p. **37**, ex. 3 • p. **38**, ex. 1
- Parler du passé .... p. **42**, ex. 1
- Se souvenir .... p. **44**, ex. 2 • p. **45**, ex. 3
- Parler de l'avenir .... p. **46**, ex. 1 • p. **47**, ex. 4

Agir, faire agir

- Donner un ordre, interdire .... p. **11**, ex. 5 • p. **34**, ex. 2 • p. **48**, ex. 1-2 • p. **49**, ex. 3-4
- Faire une proposition, une promesse .... p. **25**, ex. 3
- Exprimer la capacité .... p. **32**, ex. 2 • p. **33**, ex. 3
- Exprimer l'obligation .... p. **34**, ex. 1

Exprimer ses sentiments, son opinion

- Exprimer sa joie, sa satisfaction .... p. **42**, ex. 1
- Dire ses goûts, ses préférences .... p. **11**, ex. 3-4 • p. **37**, ex. 3

Communiquer dans des situations courantes

- Dans un magasin .... p. **56**, ex. 1
- Au café, au restaurant .... p. **55**, ex. 2
- Au cinéma, au théâtre .... p. **52**, ex. 1 • p. **42**, ex. 1
- À l'école .... p. **49**, ex. 3
- Par e-mail .... p. **46**, ex. 1

Chouette mode d'emploi

Bonjour,

Tu viens d'acquérir ce cahier de la collection Chouette entraînement et tu voudrais savoir ce qu'il contient et comment l'utiliser au mieux.

Se repérer dans le cahier

■ Cet ouvrage est composé :

– d'un **cahier principal** qui contient 27 unités de révision,

– d'un **cahier central de corrigés,** sur fond gris. Celui-ci comprend les corrigés détaillés des exercices des 27 unités de révision ; note que chaque corrigé est accompagné d'un commentaire pour t'aider à mieux comprendre ;

– d'un **mémento de conjugaison,** agrafé au centre de l'ouvrage. Celui-ci présente sur 4 pages la conjugaison des verbes types ainsi que la liste des verbes irréguliers.

■ Pour **choisir un thème de révision,** tu peux bien sûr utiliser le sommaire (à la page 3) qui t'indique tous les thèmes traités ; tu peux aussi faire une recherche plus précise grâce à l'index des objectifs de communication (ci-contre) et celui des points de grammaire (à la page 63).

Se repérer dans une unité

Voici l'unité type correspondant à un thème de révision. Elle se compose :

– de courtes **leçons** sur les points clés du cours,

– d'une **série d'exercices** qui te permettent de t'entraîner de manière efficace.

N'oublie pas, au fil de ton travail, d'utiliser les **« coups de pouce »** sur les exercices.

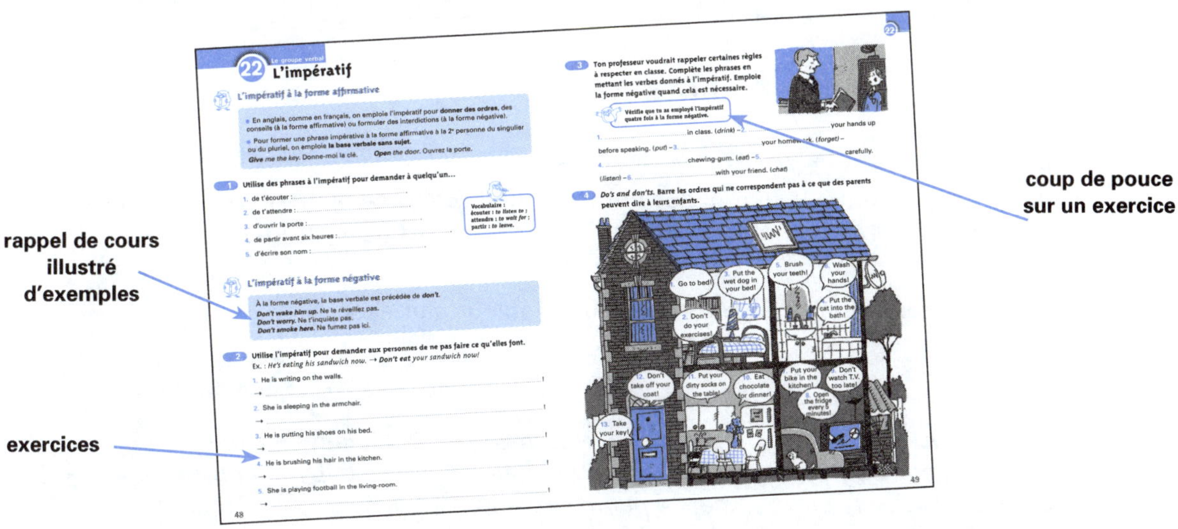

Il me reste à te souhaiter un bon travail !

1 Les noms

Noms dénombrables et indénombrables

En anglais, il est important de distinguer les noms dénombrables des noms indénombrables.

- Les noms **dénombrables** font référence à ce que l'on peut compter. Ils peuvent se mettre au pluriel.

a girl (une fille) → *girl**s*** (des filles)   *a pen* (un stylo) → *pen**s*** (des stylos)

- Les noms **indénombrables** font référence à ce que l'on ne peut pas compter. Ils ne peuvent pas se mettre au pluriel.

water (de l'eau)   *money* (de l'argent)

1 **Classe les noms illustrés dans le tableau ci-dessous.**

chair

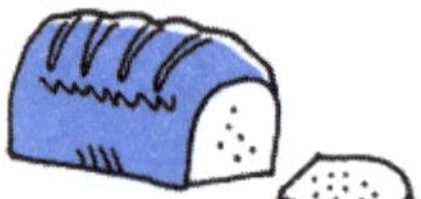
bread

book

dog

salt

knife

shoe

money

Noms dénombrables	Noms indénombrables
....	....
....	....
....	....

Vérifie que tu as trouvé trois noms indénombrables.

Le pluriel des noms dénombrables

- **Pluriel en *s***

Généralement, on forme le pluriel des noms dénombrables **en ajoutant *s*** au singulier.
Ce *s* peut se prononcer **[s]** : *cats* [s], *books* [s] **ou [z]** : *chairs* [z], *doors* [z].

- **Pluriel en *es***

Cependant, certains noms dénombrables forment leur pluriel en ***-es***.

Noms terminés par *s, sh, ch, x, z*	Quelques noms terminés par *o*	Noms terminés par une consonne + *y*
a bus → *bus**es*** *a match* → *match**es*** *a box* → *box**es*** La terminaison *-es* se prononce alors **[iz]**.	*a potato* → *potato**es*** *a tomato* → *tomato**es*** mais *a piano* → *piano**s***	*a lady* → *lad**ies*** *a baby* → *bab**ies*** *a story* → *stor**ies***

2 **Mets [s], [z] ou [iz] à côté des noms au pluriel ci-dessous, selon leur prononciation.**

1. animals ....
2. buses ....
3. watches ....
4. drinks ....
5. chickens ....
6. brushes ....
7. banks ....
8. letters ....
9. hats ....
10. foxes ....

> **Fais attention aux noms qui se terminent au singulier par *s, sh, ch* ou x. Au pluriel, leur terminaison *-es* se prononce [iz].**

Pluriels irréguliers et cas particuliers

- Il existe des **pluriels irréguliers** : il faut bien les retenir.

a man (un homme) → ***men*** *a woman* (une femme) → ***women***
a child (un enfant) → ***children*** *a tooth* (une dent) → ***teeth*** *a foot* (un pied) → ***feet***

- Note bien qu'un vêtement « à deux jambes » est désigné par un nom au pluriel en anglais. C'est le cas de *trousers* (pantalon), *jeans, shorts, pyjamas.*

Where are my pyjamas? Où est mon pyjama ?

> **Pense que le nom composé *postman* est composé du nom *man* dont le pluriel est irrégulier.**

3 **Mets les phrases suivantes au pluriel.**

1. The dog isn't in the garden. ....
2. Is the child playing? ....
3. The postman is bringing a letter. ....

4 **Écris les noms au pluriel dans la grille. En remettant en ordre les lettres des cases bleues, tu trouveras un nom qui est toujours au pluriel.**

1 POTATO
2 MATCH
3 DRESS
4 ARMCHAIR
5 WOMAN
6 BUS
7 BOX
8 BABY
9 UMBRELLA
10 SANDWICH
11 CHILD
12 POSTMAN
13 MAN

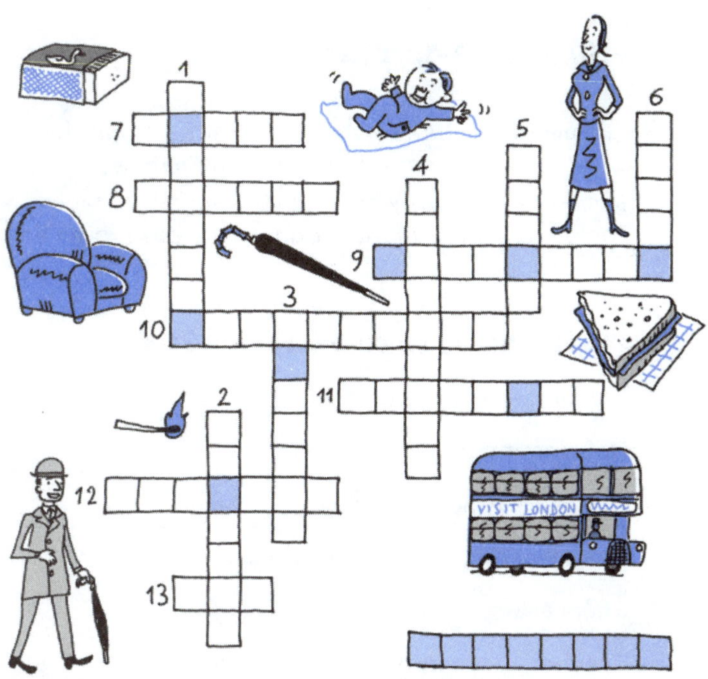

2 L'article indéfini *a / an*

A ou *an* ?

- L'article indéfini *a/an* s'emploie devant un nom dénombrable singulier. Il **se traduit par « un » ou « une »**, selon le genre du nom français.
- On utilise :

– ***a*** devant un nom (ou un adjectif) commençant par une consonne, un ***y*** ou un ***u*** prononcé [ju] ;

***a** ball*   ***a** year*   ***a** university*

– ***an*** devant un nom (ou un adjectif) commençant par une voyelle ou un *h* muet.

***an** apple*   ***an** American man*   ***an** hour*   ***an** honest man*

1 Complète les groupes nominaux avec *a* ou *an* puis traduis-les à l'aide du lexique (voir page 60).

1. .... woman ....
2. .... apple ....
3. .... umbrella ....
4. .... university ....
5. .... escalator ....
6. .... hour ....
7. .... Indian restaurant ....

Choisis *a* ou *an* en fonction de la lettre qui suit (prends garde à sa prononciation dans le cas de la voyelle *u*). *A* ou *an* se traduit par « un » ou « une » selon le genre du nom français.

L'article zéro au pluriel

L'article indéfini *a / an* n'a pas de forme au pluriel. On parle d'article « zéro ».
L'article « zéro » peut être noté à l'aide du signe Ø.

*There is **a** tree in my garden.* Il y a un arbre dans mon jardin.

*There are **Ø** trees in my garden.* Il y a des arbres dans mon jardin.

2 Complète avec *a*, *an* ou Ø (article « zéro »).

1. My mother is .... teacher.
2. He's coming in half .... hour.
3. He's .... American actor.
4. She's wearing .... yellow dress.
5. There are .... cars in the street.
6. They're .... actors, not .... singers.

Vérifie que tu as utilisé :
– deux fois l'article *a*,
– deux fois l'article *an*,
– trois fois l'article Ø.

Devant les noms de métier

En anglais, quand on indique le métier d'une personne, on emploie *a / an* devant le nom de métier (alors qu'en français, on n'emploie pas d'article).

John is ***a*** *teacher.* John est professeur.

My mother is ***an*** *actress.* Ma mère est actrice.

3 **Quel est le métier de ces personnages célèbres ? Complète les phrases à l'aide des mots suivants :** *actor, football player, singer, politician.*

Quand le nom de métier est au pluriel, pense à employer l'article Ø.

1. Zidane ....

2. Leonardo di Caprio ....

3. Tony Blair ....

4. Céline Dion and Elton John ....

4 **Construis les questions et les réponses sur le modèle suivant.**

Ex. : *he / actor / teacher* → *Is he an actor? No, he isn't. He's a teacher.*

1. he / doctor / dentist

....

2. she / hairdresser / nurse

....

3. they / engineers / architects

....

4. he / gardener / policeman

....

5. she / librarian / bookseller

....

3 L'article défini *the*

A / an ou *the* ?

- Observe bien ces deux dessins.

*Take **a** glass.*
Prends un verre (n'importe lequel).

*Take **the** glass.*
Prends le verre (pas n'importe lequel, celui qui est sur la table).

On utilise l'article *the* quand la chose ou l'être désigné par le nom est défini par la situation ou le contexte.

- ***The*** s'emploie devant un nom singulier ou pluriel. Il traduit « le », « la », « les ».

the father → ***the*** *fathers* *the girl* → ***the*** *girls* *the car* → ***the*** *cars*

1 Comment dirais-tu que... ?

Vérifie que tu as utilisé les noms : *bird, dolphin, tree, sea* et les deux verbes *sing, swim*.

1. il y a un oiseau dans l'arbre. ....
2. l'oiseau chante. ....
3. il y a des dauphins dans la mer. ....
4. les dauphins nagent. ....

Comment prononcer *the* ?

The se prononce de deux manières :
– [ðə] devant un nom (ou un adjectif) commençant par une consonne, un *y* ou un *u* prononcé [ju] ;
the [ðə] *ball* ***the*** [ðə] *year* ***the*** [ðə] *university*
– [ði:] devant un nom (ou un adjectif) commençant par une voyelle.
the [ði:] *apple* ***the*** [ði:] *American man*

2 Souligne l'article *the* lorsqu'il se prononce [ði:].

1. the egg
2. the hat
3. the orange
4. the bus
5. the flower
6. the car
7. the umbrella
8. the tickets
9. the university
10. the yellow pullover

Quand le nom commence par la lettre *u* (*umbrella, university*), prends garde à sa prononciation.

The ou l'article Ø ?

- Observe ces deux exemples :
I like Ø cakes. J'aime les gâteaux (en général).
Mais : *I like **the** cakes she makes.* J'aime les gâteaux qu'elle fait (ceux-là).
L'article *the* **ne s'emploie pas dans les généralisations.**

- Il ne s'emploie **pas également devant certains noms** :
– les noms de repas ; *Breakfast is ready.* Le petit déjeuner est prêt.
– les noms de langues ; *I study English.* J'étudie l'anglais.
– les noms désignant des activités (jeux, sports, matières scolaires) ;
I like tennis. J'aime le tennis.
– les noms désignant les jours, les mois, les saisons.
I never work in August. Je ne travaille jamais en août.

3 Complète avec *the* ou Ø (article zéro).

1. Give me .... white cup, please.
2. I love .... American films.
3. I don't like .... vegetable soup.
4. I like .... soup my grandmother makes.
5. Put .... book on .... table.

Phrases 3 et 4 : selon qu'il s'agit de la soupe de légumes en général ou de la soupe de ma grand-mère, tu n'emploies pas le même article en anglais.

4 Complète avec *the* ou Ø (article zéro).

1. I often play .... tennis on .... Saturdays.
2. .... dinner is not ready.
3. I like .... music but I don't like .... sport.
4. I like .... music of this film.

Vérifie que tu n'as utilisé qu'une fois l'article *the*.

5 À l'aide du dessin, complète la liste de courses. Emploie un article si nécessaire.

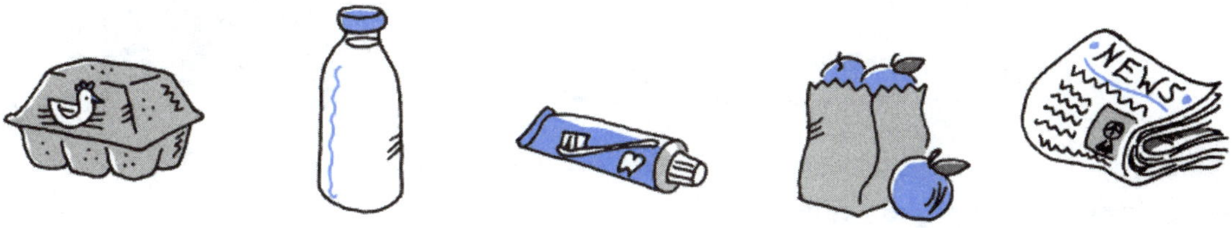

Buy eggs, ...

....

**Les noms utiles : *milk, toothpaste, apple, newspaper*.
N'hésite pas à te reporter à l'unité 2.**

4 Some, any, a lot of

Some et any

- *Some* et *any* servent à exprimer une **quantité imprécise**. On les emploie devant un nom indénombrable ou un nom dénombrable au pluriel. Ils se traduisent par « du », « de la », « des ».

- Dans les **phrases affirmatives,** on emploie *some.*

There is **some** *water* (indénombrable) *in my glass.* Il y a de l'eau dans mon verre.
There are **some** *sweets* (dénombrable au pluriel) *on the table.* Il y a des bonbons sur la table.

- Dans les **phrases interrogatives,** on emploie *any* ou *some* :

– *any* quand on ne sait pas s'il y a ce que l'on demande ;
Are there **any** *eggs in the fridge?* Y a-t-il des œufs dans le réfrigérateur ?
Have you got **any** *tea?* Avez-vous du thé ?
– *some* quand on sait qu'il y a ce que l'on demande (demande polie) ou lorsque l'on fait une offre. On attend alors une réponse affirmative.
Can I have **some** *bread, please? – Of course.*
Est-ce que je peux avoir du pain, s'il te plaît ? – Bien sûr.

- Dans les **phrases négatives**, on emploie *any.*

*I don'****t*** *have* **any** *money.* Je n'ai pas d'argent.
There aren't **any** *letters for you.* Il n'y a pas de lettres pour vous.

1 Qu'y a t-il dans ce réfrigérateur ? Complète les phrases.

1. There is ....
2. There is ....
3. There are ....
4. There are ....

Les phrases sont affirmatives.
Vérifie que tu as utilisé les mots :
cheese, chicken, eggs, tomatoes.

2 Complète avec *any* ou *some*.

1. I haven't got .... time.
2. Can I have .... salt, please?
3. Is there .... sugar in the cake?
4. Do you want .... orange juice?
5. Have you got .... friends in London?

Une phrase exprime une offre ; une autre une demande polie.

3 **Regarde les dessins et réponds aux questions comme dans l'exemple suivant.**

Ex. : *Are there any books on the table?*
No, there aren't any. There are some cups.

1. Are there any sweets in your pencil case? ....

....

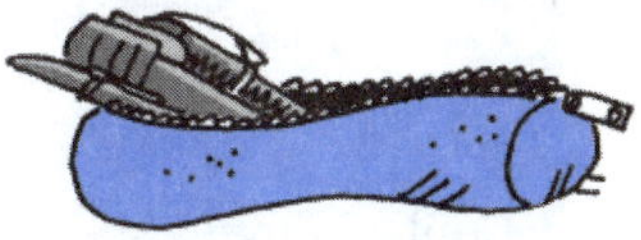

2. Are there any shoes in the box? ....

....

3. Is there any cake in the plate? ....

....

4. Are there any cars in the garage? ....

....

Pense à utiliser le verbe au singulier ou au pluriel selon les réponses que tu donnes. « Foulard » se dit *scarf* (pl. *scarves*).

A lot of

A lot of exprime l'idée d'une grande quantité, il se traduit par « beaucoup de ». Il peut être suivi d'un dénombrable au pluriel ou d'un indénombrable.
*I've got **a lot of friends*** (dénombrable au pluriel). J'ai beaucoup d'amis.
*I've got **a lot of time*** (indénombrable). J'ai beaucoup de temps.

4 **Comment dirais-tu que... ?**

1. tu as beaucoup de CD : ....
2. tu as beaucoup d'amis : ....
3. tu as beaucoup de devoirs : ....
4. tu as beaucoup de temps le mercredi : ....

....

Utilise le mot *homework* pour parler de tes devoirs.

5 Les déterminants possessifs

Formes

- En anglais, comme en français, les déterminants possessifs varient selon le possesseur.

	Un possesseur	Plusieurs possesseurs
1re personne	**my** ball	**our** ball
2e personne	**your** ball	**your** ball
3e personne	**his, her, its** ball	**their** ball

- Contrairement au français, ils ne varient pas avec le nom déterminé.

*Look at **my** book!* Regarde mon livre !
*Look at **my** dress!* Regarde ma robe !
*Look at **my** shoes!* Regarde mes chaussures !

1 Complète avec *my*, *your*, *our*, *their*, en observant bien les sujets.

1. Peter and John are with .... cousins.
2. We like .... new classroom.
3. I always take the bus with .... sister.
4. Mr and Mrs Waknin love .... new car.
5. Have you got .... tennis racket?

His, her, its

- Observe le dessin et lis les légendes.

***His** name is John.*
*Look at **his** bike.*

***Her** name is Mary.*
*Look at **her** bike.*

- À la 3e personne du singulier, on choisit ***his*** (masculin), ***her*** (féminin) ou ***its*** (neutre), en fonction du possesseur.

*It's **his** bike.* C'est sa bicyclette (= la bicyclette de John).
*It's **her** bike.* C'est sa bicyclette (= la bicyclette de Mary).
*I like **its** colour.* J'aime sa couleur (= la couleur de la bicyclette).

2 Complète avec *his*, *her* ou *its*.

> ***Lloyd*** **est un prénom de garçon ; *Alison*, un prénom de fille.**

1. The little boy is with .... mother.
2. Look at the house: .... roof is high.
3. Lloyd is in .... room.
4. The girl is playing in .... room.
5. Is Alison working with .... friend?

3 **Complète à l'aide de déterminants possessifs de la 3e personne.**

1. It's Mary's bag. It's .... bag.
2. It's Elton's piano. It's .... piano.
3. It's Mr and Mrs Brown's car. It's .... car.
4. Look at the bird's nest. Look at .... nest.
5. It's the children's room. It's .... room.

Le possesseur est indiqué sous la forme d'un génitif (nom du possesseur + *'s* + nom de l'objet possédé). Voir l'unité 6.

4 **À partir des deux éléments donnés, reconstitue la question et la réponse correspondante, selon l'exemple.**

Ex. : *Jim / cat → Whose cat is it? It's his cat.*

1. my friends / bikes

....

2. Maureen / shoes

....

3. Cathy and I / computer

....

Pour demander à qui appartient un objet, on utilise le mot interrogatif *whose* suivi du nom désignant l'objet. S'il y a plusieurs objets, mets le verbe *be* au pluriel.

His ou *he's* ? *Its* ou *it's* ?

Fais bien attention à ne pas confondre :
– ***his,*** déterminant possessif masculin (utilisé devant un nom désignant une personne de sexe masculin) et ***he's***, forme contractée de ***he is*** ;
– ***its*** déterminant possessif neutre (utilisé devant un nom d'animal ou d'objet) et ***it's***, forme contractée de ***it is***.

5 **Complète avec *his* ou *he's*.**

1. Ben is my uncle. .... very nice.
2. William doesn't brush .... teeth after lunch.
3. Is Michael reading .... book?
4. Look at Stan: .... sad.

Vérifie que tu as bien employé deux fois la forme contractée de *he is*.

6 **Complète avec *its* ou *it's*.**

1. The bird is in .... nest.
2. Look at this baby : .... very small.
3. Look at the car. I like .... colour.
4. Where is the key? .... in my pocket.

On utilise généralement *it* pour parler d'un bébé.

6 Le génitif

Le génitif au singulier

- Observe ces dessins.

Oliver's ball
le ballon d'Olivier

my mother's bag
le sac de ma mère

- ***Oliver's*** et ***my mother's*** sont des génitifs. Le génitif (ou cas possessif) exprime la possession. Au singulier, voici comment il se construit :
nom du possesseur **+ *'s*** + nom de l'objet possédé sans déterminant.

- Le génitif peut aussi exprimer une relation entre les personnes, un lien de parenté.
*Here is **my brother's wife**.* Voici la femme de mon frère.

1 **Observe bien cet arbre généalogique. Indique le lien de parenté entre les personnes (il y a plusieurs possibilités).**

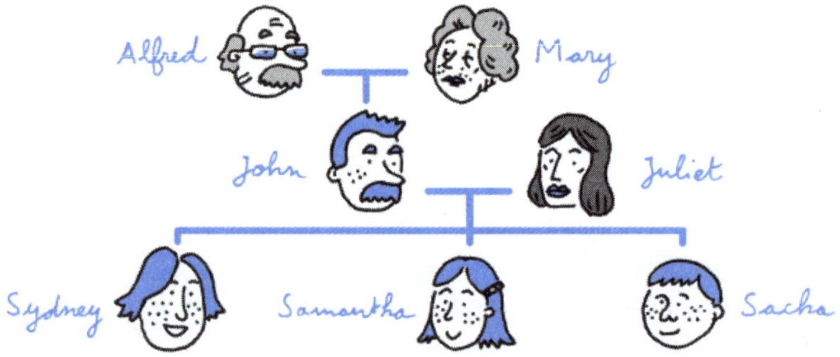

Utilise les noms désignant les membres de la famille : *father, mother, grandfather, grandmother, brother, sister, son, daughter.*

Ex. : *Who is Sacha? – He's John's son, Juliet's son, Sydney's brother, Samantha's brother.*

1. Who is Alfred? ....
2. Who is Mary? ....
3. Who is John? ....
4. Who is Samantha? ....

2 ***Who are they?*** **Trouve les réponses à ces devinettes « familiales ».**

1. Cameron is my mother's nephew's brother. He is my ....
2. Kate is my father's wife's daughter. She is my ....
3. Sacha married my grandfather's son's brother. She married my ....
She is my ....
4. Macho is my brother's daughter's dog.
It's my .... 's dog.

Vérifie que tu as employé les noms : *aunt* (tante), *cousin, niece, sister, uncle.*

Le génitif au pluriel

- Au pluriel, le **s** du génitif disparaît, mais l'apostrophe demeure.

*the girl**s'** ball*	le ballon des filles
*my friend**s'** house*	la maison de mes amis

- En revanche, lorsque le pluriel est irrégulier, on emploie ***'s***.

***women's** clothes*	des vêtements de femmes
*the **children's** room*	la chambre des enfants

3 Comment désignerais-tu... ?

1. les jouets des enfants : ……………………………………………
2. la chambre de tes parents : ……………………………………………
3. des chaussures d'hommes : ……………………………………………
4. la voiture de tes cousins : ……………………………………………

Attention, il y a deux pluriels irréguliers dans cet exercice.

Whose

- *Whose ...?* sert à interroger sur l'appartenance.

***Whose book** is this? – It is **John's book**.*
À qui est ce livre ? – C'est le livre de John.

- Pour éviter la répétition, on peut répondre par le génitif seul.

*Whose book is this? – It's **John's**.*

- On peut aussi répondre en utilisant un déterminant possessif suivi d'un nom.

*Whose bag is it? – It's **my** bag.*
À qui est ce sac? – C'est mon sac.

4 Réponds aux questions comme dans l'exemple donné.

Ex. : *Whose bike is it? (Cathy) – It's Cathy's bike. It's her bike.*

1. Whose pen is it? (my mother) …………………………………………… .
2. Whose socks are they? (Philip) …………………………………………… .
3. Whose cat is it? (the Browns) …………………………………………… .
4. Whose glasses are they? (Mrs Barret) …………………………………………… .
5. Whose newspaper is it? (Allison) …………………………………………… .

Attention de bien utiliser les déterminants possessifs étudiés dans l'unité 5.

7 This et that

Les déterminants démonstratifs *this* et *that*

- *This* et *that* peuvent être employés comme déterminants devant un nom : ils permettent de **montrer la personne ou l'objet** désignés par le nom.
Ils ont une forme différente selon qu'ils déterminent un nom au singulier ou au pluriel.

***this** boy*, ce garçon — ***these** boys*, ces garçons
***that** tree*, cet arbre — ***those** trees*, ces arbres

- Observe ces deux dessins.

*Look at **this** picture.* Regarde cette image.

*Look at **that** plane.* Regarde cet avion.

This et sa forme au pluriel ***these*** sont utilisés de préférence pour désigner quelque chose de proche (dans l'espace ou le temps).
À l'inverse, ***that*** et sa forme au pluriel ***those*** sont utilisés pour désigner quelque chose d'éloigné. Ils peuvent avoir une valeur péjorative.
*I don't like **that** dog.* Je n'aime pas ce chien. (Je le rejette.)

Pense à mettre le verbe au singulier également.

1 **Mets ces phrases au singulier.**

1. These pens are John's. → ....
2. Those roses are beautiful. → ....
3. These cakes are very good. → ....
4. These exercises are easy. → ....

Les pronoms démonstratifs *this* et *that*

- *This* et *that* peuvent être aussi employés comme pronoms.
*What's **this**?* Qu'est ce que c'est (ceci qui est près de moi) ?
*What's **that**?* Qu'est ce que c'est (cela qui est éloigné de moi) ?

Quand il y a plusieurs objets désignés, l'anglais utilise les formes au pluriel.
*What are **these**? What are **those**?*

- Les pronoms ***this*** et ***that*** servent en particulier à présenter quelqu'un ou à identifier une personne au téléphone.

***This** is my mother.* C'est ma mère.
*Who's **that**?* Qui est-ce?
*Hello! **This** is Paula.* Allo ! C'est Paula.

2 Pose la question et donne la réponse. Utilise *this* ou *that* selon le sens.

Ex. : *What's that? It's a taxi.*

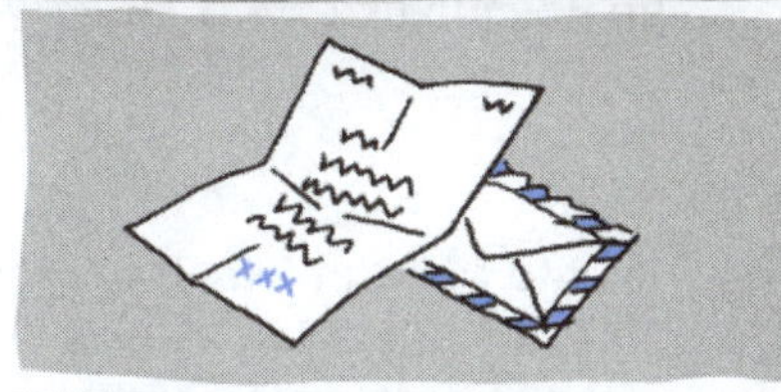

1. ....?

....

2. ....?

....

3. ....?

....

Enveloppe : ***envelope*** **;**
(téléphone) portable : ***mobile (phone).***

3 Que disent ces personnages? Complète les phrases.

1. Hello! ....

2. .... Mrs Winston.

3. Who ....?

4. What are ....?

Les pronoms personnels

Les pronoms personnels sujets

- En anglais, comme en français, les pronoms personnels sujets permettent de conjuguer le verbe. En voici la liste.

I
you
he, she, it
we
you
they

- Note bien qu'**à la 3e personne du singulier** :
  – *he* fait référence à une personne de sexe masculin ; *Dave is my cousin.* ***He*** *is 12.*
  – *she* fait référence à une personne de sexe féminin ; *Chelsea is my sister.* ***She*** *is 14.*
  – *it* fait référence à un animal ou à un objet. *The lion is big.* ***It*** *is in the cage.*
  Cependant, on emploie *he* ou *she* pour un animal domestique. *Mickey is my cat.* ***He*** *sleeps with me.*

1 **Remplace les mots *en italique* par le pronom personnel sujet correspondant.**

1. *His sister* is coming to the party. → ....
2. *My cousin Peter* lives in New York. → ....
3. *Your parents* are never late. → ....
4. *Her brother and I* often go to concerts. → ....

> Sauf dans la phrase 4, tu dois remplacer les mots en italique par des pronoms personnels de la 3e personne.

Les pronoms personnels compléments

- Les pronoms personnels compléments se placent toujours après le verbe. En voici la liste.

me
you
him, her, it
us
you
them

- Note bien qu'**à la 3e personne du singulier** :
  – *him* fait référence à une personne de sexe masculin ; *I must help* ***him***. Je dois l'aider.
  – *her* fait référence à une personne de sexe féminin. *He loves* ***her.*** Il l'aime.

2 **Coche le pronom personnel qui convient.**

1. Listen to ❑ *him* ❑ *her*. He is singing.
2. These tourists can't speak French. Help ❑ *them* ❑ *they.*

3. We're late! Take ❑ *us* ❑ *we* to the airport.

4. I'm hungry; give ❑ *me* ❑ *her* a sandwich.

5. Those chairs are broken; repair ❑ *it* ❑ *them*.

Attention à bien différencier le singulier du pluriel : *it / them*, et le masculin du féminin : *him / her*.

3 **Remplace les mots *en italique* par le pronom personnel qui convient.**

1. Look at *my mother*. → Look at ....
2. Where are *the children*? → Where are ....?
3. He's playing with *my sister and I*. → He's playing with ....
4. What colour is *your car*? → What colour is ....?
5. Listen to *your father*. → Listen to ....

4 **Forme des phrases à l'aide des mots suivants mis dans le bon ordre.**

1. help / you / us / can / ? → ....
2. buy / a / car / they / can't / new → ....
3. piece / her / give / a / cake / of → ....

Les pronoms personnels dans les réponses brèves

Lorsqu'on répond par *yes* ou *no* en anglais, on reprend le sujet sous forme de pronom personnel suivi de l'auxiliaire.
Is Tyrone at home? ***Yes, he is.***
Is Martha in the garden? ***Yes, she is.***

5 **Relie chaque question à la réponse brève correspondante.**

9 Les adjectifs qualificatifs

L'adjectif qualificatif : épithète ou attribut

- Quand il fait partie d'un groupe nominal, l'adjectif qualificatif est **épithète**.
*My **new** books are on the table.* Mes nouveaux livres sont sur la table.
Quand il se rapporte au sujet par l'intermédiaire du verbe *be*, il est **attribut**.
*Jane is **beautiful**.* Jane est belle.
- Quelle que soit sa fonction, l'adjectif qualificatif est invariable en anglais.
*My brother is **nice**.* *My friends are **nice**.*

1 Mets ces phrases au pluriel.

1. The blue mobile is expensive. → ....
2. His cousin is tall. → ....
3. The chair is comfortable. → ....
4. Is your bike new? → ....
5. This is my new friend. → ....

> Le pluriel de *this* est *these*.

La place de l'adjectif épithète

En anglais, l'adjectif qualificatif épithète se place **toujours devant le nom**.
*There is a **blue** door in my **new** house.* Il y a une porte bleue dans ma nouvelle maison.
*These are **interesting** pictures.* Ce sont des photos intéressantes.

2 Forme une seule phrase à partir des deux phrases données.
Ex : *It's a house. It's big.* → *It's a big house.*

1. It's a drink. It's cold. → ....
2. It's an armchair. It's comfortable. → ....
3. It's an exercise. It's difficult. → ....
4. It's a pen. It's expensive. → ....
5. It's a message. It's important.
→ ....
6. It's a taxi. It's red.
→ ....

> N'oublie pas que *an* devient *a* devant un adjectif commençant par une consonne et inversement.

Utilise les noms *box, woman.*

3 **Décris les dessins en utilisant les adjectifs :**
tall

Ex. : *It's a comfortable armchair.*

1. It's ....
2. It's ....
3. They're ....
4. It's ....
5. She's ....

4 **Remets ces phrases dans le bon ordre.**

1. young / is / a / she / very / doctor → ....
2. wearing / a / dirty / is / he / pullover → ....
3. an / this / Italian / is / restaurant / ? → ....
4. teacher / her / English / nice / patient / and / is → ....

....

Lorsqu'il y a deux adjectifs dans une même phrase, sépare-les avec *and*.

Les adjectifs de nationalité

En anglais, les adjectifs de nationalité prennent une **majuscule**.
*Allison is **A**merican.* Allison est américaine.
*Paul is driving an **E**nglish car.* Paul conduit une voiture anglaise.

5 **Comment désignerais-tu... ?**

1. un champion italien : ....
2. une chanteuse espagnole : ....
3. un peintre français : ....

Utilise les noms *painter, singer.*

Les prépositions de lieu

Des mots invariables

- En anglais, comme en français, les prépositions servent à **introduire un complément** (COI, complément circonstanciel). Elles sont invariables.
- Voici les principales prépositions de **sens spatial**.

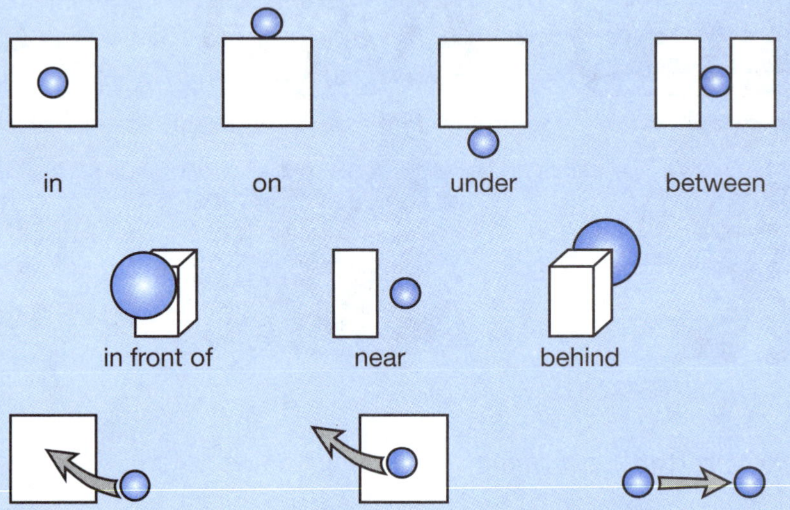

1 Réponds aux questions suivantes en utilisant la préposition qui convient.

1. Is the man in the car?

No, ...

2. Is the girl on the tree?

No, ...

3. Is the ladder behind the door?

No, ...

2 Complète le dessin à l'aide des indications données.

1. There's a boat on the river.
2. A boy's having a bath in the river.
3. Three cars are parked near the tree.
4. A dog is running to the fisherman.

A ladder : une échelle ;
a fisherman : un pêcheur.

Prépositions à ne pas confondre

- ***From* et *to***

*He comes **from** Tokyo.* Il vient de Tokyo. (*from* indique la provenance, le point de départ)	*I am going **to** London.* Je vais à Londres. (*to* indique la direction, le point à rejoindre)

- ***To* et *at***

*She is going **to** the cinema.* Elle va au cinéma. (point à rejoindre, déplacement)	*She is **at** the cinema.* Elle est au cinéma. (point fixe, pas de déplacement)

3 **Complète les phrases en utilisant des prépositions.**

Pen friend : correspondant(e) ; *to stay* : séjourner ; *too bad* : dommage ; *maybe* : peut-être.

FRED. – Hi Peter! This is Sally, my American pen friend.

PETER. – Hi Sally! Where are you ....?

SALLY. – I'm .... Denver in Colorado.

PETER. – Where are you staying?

SALLY. – I'm staying .... my cousins'. They're French. They live two blocks .... your school.

FRED. – Peter, we're going .... a fast-food restaurant. Do you want to come with us?

PETER. – Too bad! Not tonight. I must go .... my grandparents'. Why not tomorrow?

SALLY. – So maybe next year. Tomorrow I'm going back .... the States...

11 *Be* au présent (1)

Be à la forme affirmative

● Le verbe *be* est **d'un emploi très fréquent.** Il permet en particulier :
– de se présenter ou de présenter quelqu'un ;
Hi ! I'm Sonia. This is James. Salut, je suis Sonia. Voici James.
– de situer des personnes ou des choses..
Your glasses are on the table. Tes lunettes sont sur la table.

● Voici comment il se conjugue **à la forme affirmative.**

Au singulier		Au pluriel	
Forme pleine	**Forme contractée**	**Forme pleine**	**Forme contractée**
I am	I'm	we are	we're
you are	you're	you are	you're
he, she, it is	he, she, it's	they are	they're

1 **Complète ces phrases en employant le verbe *be*. N'utilise pas de contractions.**

1. You .... English but I .... from Canada. – 2. My friend Lucy .... Canadian too. – 3. She .... eleven. – 4. We .... in Montreal. – 5. It .... 3 p.m. in Montreal. – 6. My parents .... at work.

Observe bien chacun des sujets pour choisir la bonne forme de *be*.

Be à la forme interrogative

Pour obtenir **la forme interrogative** de *be*, on fait passer le verbe avant le sujet (inversion du sujet).

Au singulier	Au pluriel
am I?	are we?
are you?	are you?
is he, she, it?	are they?

2 **Mets les phrases suivantes à la forme interrogative.**

Ex. : *It's a good book.* → *Is it a good book?*

1. They're from Japan. ....
2. Bob's American. ....
3. They're in the classroom. ....
4. That's her mobile. ....
5. It's a good CD. ....

Demande-toi si tu peux conserver la forme contractée (est-il possible qu'une phrase commence par *'s* ou *'re* ?).

Be à la forme négative

Pour obtenir **la forme négative** de *be*, on ajoute la négation après le verbe. Sauf à la 1re personne du singulier, on a le choix entre deux formes contractées.

Au singulier		Au pluriel	
Forme pleine	**Forme contractée**	**Forme pleine**	**Forme contractée**
I am not	I'm not	we are not	we're not / we aren't
you are not	you're not / you aren't	you are not	you're not / you aren't
he is not	he's not / he isn't	they are not	they're not / they aren't

3 **À partir des mots de chaque liste, forme une phrase négative. Attention au mot intrus.**

1. boys / in / is / the / garden / are / the / not ....
2. I / not / from / 'm / is / London ....
3. it / an / aren't / isn't / English / bus ....
4. the / sandwiches / bread / aren't / kitchen / the / in ....

Prends garde à bien placer la négation *not* après le verbe.

Les réponses brèves avec *be*

- En anglais, on répond rarement à une question par *yes* ou *no* utilisés seuls. On reprend le sujet, sous forme de **pronom personnel**, et l'**auxiliaire**.

Is your mother at home? ***Yes, she is.***
Is it an apple? ***No, it isn't.***

- Attention, dans une réponse affirmative, on ne doit pas employer la forme contractée.

4 **Relie la question et la réponse brève qui vont ensemble.**

1. Is Elton John a clown? •
2. Are you American? •
3. Are we late? •
4. Is Lucy a pianist? •
5. Are your parents at home? •
6. Is it a new book? •

- • A. No, they aren't.
- • B. Yes, it is.
- • C. No, he isn't.
- • D. Yes, I am.
- • E. Yes, we are.
- • F. No, she isn't.

Be au présent (2)

There is, there are à la forme affirmative

● *There is* et *there are* sont deux expressions utilisant le verbe *be* qui permettent de parler de l'existence ou de l'absence d'une chose ou d'une personne.

● *There is* est suivi d'un nom singulier ; *there are,* d'un nom pluriel. *Be* s'accorde donc ici avec le nom qui suit.

***There is** a tree in the garden.* Il y a un arbre dans le jardin.
***There are** five trees in the garden.* Il y a cinq arbres dans le jardin.
On peut contracter *there is* : on obtient *there's.* On ne peut pas contracter *there are.*

1 Complète avec *there is* ou *there are*.

1. .... seven days in a week.
2. .... a big poster in the classroom.
3. .... a lot of noise.
4. .... three rooms in my house.

Pour choisir entre *there is* et *there are*, demande-toi si le nom qui suit est au singulier ou au pluriel.

There is, there are aux formes interrogative et négative

À la forme interrogative, on fait l'inversion : on emploie *is there?* ou *are there?*
***Is there** a letter for me?* Est-ce qu'il y a une lettre pour moi ?
À la forme négative, on emploie *there isn't* ou *there aren't.*
***There isn't** any bread.* Il n'y a pas de pain.

2 Un bruit bizarre t'a empêché d'entendre l'indication de nombre contenue dans chacune de ces phrases. Pose la question qui te permettra de la connaître.
Ex. : *There are ? cakes in the kitchen.* → ***How many** cakes **are there** in the kitchen?*

1. There are ? books on the table. → ....?
2. There are ? flowers in the vase. → ....?
3. There are ? shoes under the bed. → ....?
4. There are ? CDs near the lamp. → ....?

Les réponses brèves avec *there is, there are*

Voici quelques exemples :
Is there a plant in your room? ***Yes, there is.*** *Is there a western on T.V.?* ***No, there isn't.***
Are there many posters? ***Yes, there are.*** *Are there cartoons?* ***No, there aren't.***

3 **Regarde le dessin et donne des réponses brèves aux questions.**

1. Is there a boy on the bed? ....
2. Is there a woman in the room? ....
3. Is there a poster on the wall? ....
4. Is there an armchair near the door? ....
5. Is there a plant under the window? ....
6. Are there books on the desk? ....

Demande-toi si l'on peut utiliser la forme contractée dans une réponse affirmative.

D'autres expressions avec *be*

Plusieurs expressions ne contenant pas le verbe *être* en français se construisent avec *be* en anglais. Apprends à les reconnaître.

*I'**m** eleven.* J'ai onze ans.
*I'**m** cold, warm, hot.* J'ai froid, chaud, très chaud.
*I'**m** hungry.* J'ai faim. - *I'**m** thirsty.* J'ai soif.
*I'**m** well (fine).* Je vais bien. - *It'**s** fine today.* Il fait beau aujourd'hui.

4 **Comment dirais-tu que... ?**

1. il fait très froid aujourd'hui. → ....
2. Brian a 12 ans. → ....
3. il n'a pas faim mais il a soif. → ....
4. tu vas bien. → ....

Have got

Have got à la forme affirmative

- *Have got* sert à parler de ce que l'on possède. Cette forme permet également d'exprimer les liens de parenté.
- *Have* se conjugue et *got* reste invariable.
- À la 3e personne du singulier, ne confonds pas les formes contractées de *be* et de *have*.

She's **got** *a cat.* Elle a un chat.
She's a singer. Elle est chanteuse.
La forme contractée de *be* n'est pas suivie de *got*.

Forme pleine	Forme contractée
I have got	I've got
you have got	you've got
he, she, it has got	he, she, it's got
we have got	we've got
you have got	you've got
they have got	they've got

1 **Regarde l'arbre généalogique et trouve de qui il s'agit.**

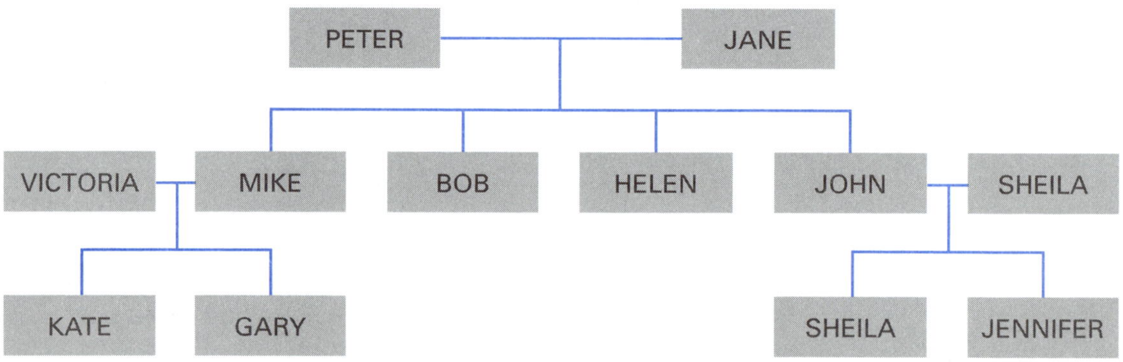

1. She has got three brothers. Her name is ....
2. They have got four children. Their names are .... and ....
3. He has got two children. His wife's name is Victoria. His name is ....
4. She has got two daughters. Her name is ....
5. He has got two uncles. His name is ....

On emploie *have got* pour parler des liens de parenté. *She has got a daughter* veut dire qu'elle a une fille.

Have got à la forme interrogative

- Pour construire la **forme interrogative**, on fait passer l'auxiliaire *have* avant le sujet (inversion).

Have I got?	Have we got?
Have you got?	Have you got?
Has he, she, it got?	Have they got?

2 **Remets les mots dans le bon ordre pour déchiffrer le message que Dave a reçu.**

1. got / I've / beautiful / dog / a /. → ....

2. you / got / dog / a / have / too / ? → ....

3. sister / has / my / hamsters / two / got / . → ....

4. got / your / have / any / brothers / pets / ? → ....

N'oublie pas de faire l'inversion lorsqu'il s'agit d'une question.

Have got à la forme négative. Les réponses brèves avec *have got*

● Pour obtenir la **forme négative**, on ajoute la négation *not* après l'auxiliaire *have*.
Les formes contractées sont plus souvent utilisées que les formes pleines.

Forme pleine	Forme contractée
I have not got	I haven't got
you have not got	you haven't got
he, she, it has not got	he, she, it hasn't got
we have not got	we haven't got
you have not got	you haven't got
they have not got	they haven't got

Voici des exemples de réponses brèves avec *have got* :
Have your parents got a piano? ***Yes, they have.***
Has your sister got a car? ***No, she hasn't.***
Attention, dans une réponse affirmative, on ne doit pas employer la forme contractée.

3 **Regarde les dessins et réponds aux questions.**
Ex. : *Has John got a cat? No, he hasn't. He has got a dog.*

1. Has Susan got a bike?
....
....

2. Has he got a rabbit?
....
....

3. Have they got a small dog?
....
....

Utilise le mot *goldfish* (« poisson doré ») pour désigner le poisson rouge.

Can et can't

Les auxiliaires modaux

- *Can* est **un auxiliaire modal.** Les auxiliaires modaux modifient le sens des verbes qu'ils accompagnent. Ils peuvent exprimer la capacité ou l'incapacité à faire quelque chose, l'obligation ou l'interdiction de faire quelque chose, etc.
- **Règles générales d'utilisation :**
  – les auxiliaires modaux sont suivis de la base verbale (verbe à l'infinitif sans *to*) ;
  – ils ont la même forme à toutes les personnes ;
  – ils se conjuguent sans *do* aux formes interrogative et négative (à la forme interrogative, l'auxiliaire modal est placé avant le sujet).

1 Vrai ou faux ? Coche les bonnes réponses.

	Vrai	Faux
1. Un auxiliaire modal est toujours accompagné d'un verbe.	❑	❑
2. Ce verbe est sous la forme V-*ing*.	❑	❑
3. Un auxiliaire modal est invariable.	❑	❑
4. À la forme interrogative, il se place avant le sujet.	❑	❑

Can

Exemple	Signification
1. *He **can** carry the big suitcase.* Il peut porter la grosse valise. 2. ***Can** you speak English?* Savez-vous parler anglais ?	capacité physique ou intellectuelle (traduit parfois par « savoir »)
3. ***Can** I go out tonight?* Est-ce que je peux sortir ce soir ?	permission
4. ***Can** you give me a pen?* Peux-tu me donner un stylo?	demande polie

2 Remets les mots dans le bon ordre pour savoir ce que Karl sait faire ; puis trouve la question qu'il pose à son camarade, comme dans l'exemple.

1. can / I / tennis / play

– I can play tennis.

– Can you play tennis too?

2. swim / can / I

– ....

– ....?

Corrigés

Corrigés

1 Le groupe nominal
Les noms

1 Classe les noms illustrés dans le tableau ci-dessous.

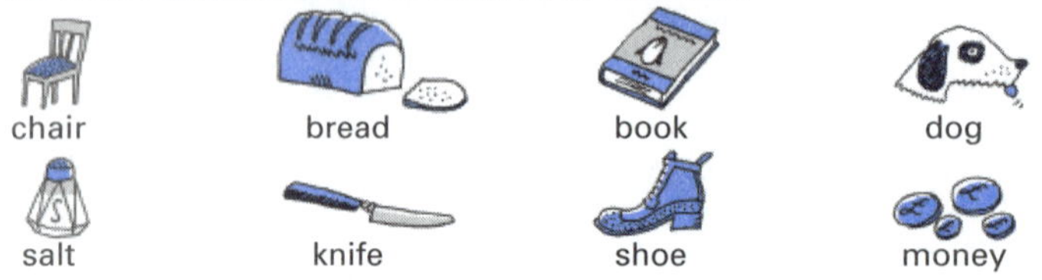

Noms dénombrables	Noms indénombrables
chair, book, dog, knife, shoe	bread, salt, money

● Les noms indénombrables font référence à une certaine quantité de quelque chose : ici de pain (*bread*), de sel (*salt*), d'argent (*money*).

2 Mets [s], [z] ou [iz] à côté des noms au pluriel ci-dessous, selon leur prononciation.

1. animals [z]
2. buses [iz]
3. watches [iz]
4. drinks [s]
5. chickens [z]
6. brushes [iz]
7. banks [s]
8. letters [z]
9. hats [s]
10. foxes [iz]

● Les noms *buses* (des bus), *watches* (des montres), *brushes* (des brosses), *foxes* (des renards) font leur pluriel en *es* et cette terminaison se prononce [iz].

3 Mets les phrases suivantes au pluriel.

1. The dog isn't in the garden. The dogs aren't in the garden.
2. Is the child playing ? Are the children playing?
3. The postman is bringing a letter. The postmen are bringing letters.

● Retiens bien les pluriels irréguliers : *a child, children* ; *a postman, postmen*.

4 Écris les noms au pluriel dans la grille. En remettant en ordre les lettres des cases bleues, tu trouveras un nom qui est toujours au pluriel.

● N'oublie pas que le nom *trousers* (pantalon) est toujours employé au pluriel comme *jeans* ou *pyjamas*. Tous ces vêtements sont effectivement composés de deux jambes !

2 L'article indéfini *a / an*

Le groupe nominal

1 Complète les groupes nominaux avec *a* ou *an* puis traduis-les à l'aide du lexique (voir page 60).

1. a woman — une femme
2. an apple — une pomme
3. an umbrella — un parapluie
4. a university — une université
5. an escalator — un escalator
6. an hour — une heure
7. an Indian restaurant — un restaurant indien

● Attention, le nom *hour* commence par un *h* muet ; on emploie donc l'article *an*, qui permet de faire la liaison.

2 Complète avec *a, an* ou Ø (article « zéro »).

1. My mother is a teacher.
2. He's coming in half an hour.
3. He's an American actor.
4. She's wearing a yellow dress.
5. There are Ø cars in the street.
6. They're Ø actors, not Ø singers.

● Dans les phrases 5 et 6, les noms étant employés au pluriel, on emploie l'article « zéro ».

3 Quel est le métier des ces personnages célèbres ? Complète les phrases à l'aide des mots suivants : *actor, football player, singer, politician.*

1. Zidane is a football player.

2. Leonardo di Caprio is an actor.

3. Tony Blair is a politician.

4. Céline Dion and Elton John are singers.

● Le nom de métier est toujours précédé d'un article indéfini : *a / an* devant un nom au singulier ; Ø au pluriel.

4 Construis les questions et les réponses sur le modèle suivant.

Ex. : *he / actor / teacher → Is he an actor? No, he isn't. He's a teacher.*

1. he / doctor / dentist
Is he a doctor? No, he isn't. He's a dentist.
2. she / hairdresser / nurse
Is she a hairdresser? No, she isn't. She's a nurse.
3. they / engineers / architects
Are they engineers? No, they aren't. They're architects.
4. he / gardener / policeman
Is he a gardener? No, he isn't. He's a policeman.
5. she / librarian / bookseller
Is she a librarian? No, she isn't. She's a bookseller.

● Tous les noms de métier au singulier commencent par une consonne ou un *h* aspiré (*hairdresser*), ils doivent être précédés de l'article indéfini *a*. Dans la phrase 3, devant les noms de métier au pluriel, on emploie l'article Ø.

Corrigés

3 Le groupe nominal
L'article défini *the*

1 Comment dirais-tu que… ?

1. il y a un oiseau dans l'arbre. There is a bird in the tree.
2. l'oiseau chante. The bird is singing.
3. il y a des dauphins dans la mer. There are dolphins in the sea.
4. les dolphins nagent. The dolphins are swimming.

● Tu observes que l'article défini *the* a la même forme au singulier (*the bird*) et au pluriel (*the dolphins*).

2 Souligne l'article *the* lorsqu'il se prononce [ði].

1. **the** egg
2. the hat
3. **the** orange
4. the bus
5. the flower
6. the car
7. **the** umbrella
8. the tickets
9. the university
10. the yellow pullover

● Le *u* de *university* se prononce [ju], ce qui explique pourquoi *the* ne se prononce pas [ði:].

3 Complète avec *the* ou Ø (article zéro).

1. Give me **the** white cup, please.
2. I love **Ø** American films.
3. I don't like **Ø** vegetable soup.
4. I like **the** soup my grandmother makes.
5. Put **the** book on **the** table.

● Dans les phrases 1, 4 et 5, *the* détermine un nom qui désigne un objet bien précis.

4 Complète avec *the* ou Ø (article zéro).

1. I often play **Ø** tennis on **Ø** Saturdays.
2. **Ø** Dinner is not ready.
3. I like **Ø** music but I don't like **Ø** sport.
4. I like **the** music of this film.

● On omet l'article *the* devant les noms de repas (*dinner*), ceux de disciplines scolaires, de sports (*music, sport, tennis*).

5 À l'aide du dessin, complète la liste de courses. Emploie un article si nécessaire.

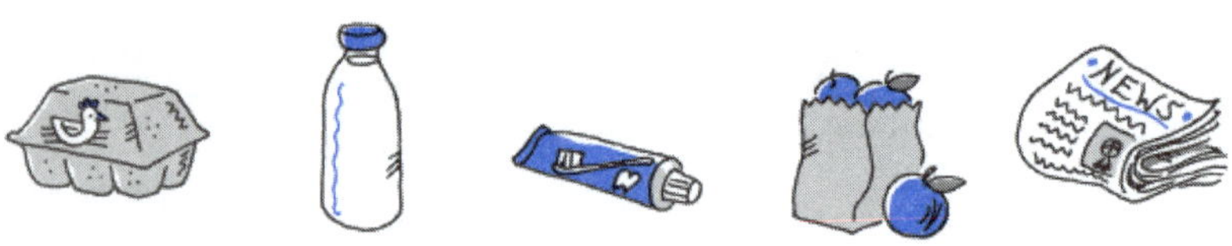

Buy eggs, milk, toothpaste, apples and the newspaper.

● Devant les noms indénombrables (*milk* et *toothpaste*) comme devant les noms au pluriel (*eggs* et *apples*), on a recours à l'article Ø. Voir l'unité 2.

● On utilise *the* (et non pas *a*) devant *newspaper* parce que l'on fait référence au journal du jour.

Le groupe nominal

4 Some, any, a lot of

1 Qu'y a t-il dans ce réfrigérateur ? Complète les phrases.

1. There is some cheese in the fridge.
2. There is some chicken.
3. There are some eggs.
4. There are some tomatoes.

● *Some* peut être suivi d'un nom dénombrable au pluriel ou d'un nom indénombrable.

2 Complète avec *any* ou *some*.

1. I haven't got **any** time.
2. Can I have **some** salt, please?
3. Is there **any** sugar in the cake?
4. Do you want **some** orange juice?
5. Have you got **any** friends in London?

● Dans les phrases interrogatives 2 et 4, on utilise *some* car on attend une réponse positive.

3 Regarde les dessins et réponds aux questions comme dans l'exemple suivant.

Ex. : *Are there any books on the table?*
No, there aren't any. There are some cups.

1. Are there any sweets in your pencil case?
No, there aren't any. There are some pens.

2. Are there any shoes in the box?
No, there aren't any. There are some scarfs / scarves.

3. Is there any cake in the plate?
No, there isn't any. There are some apples.

4. Are there any cars in the garage?
No, there aren't any. There are some bicycles / bikes.

● Toutes les réponses brèves sont négatives, il faut donc utiliser *any*, mais en sous-entendant le nom sans le répéter.

4 Comment dirais-tu que... ?

1. tu as beaucoup de CDs : I've got a lot of CDs.
2. tu as beaucoup d'amis : I've got a lot of friends.
3. tu as beaucoup de devoirs : I've got a lot of homework.
4. tu as beaucoup de temps le mercredi : I've got a lot of time on Wednesdays.

● Remarque que les noms *homework* et *time* sont indénombrables.

5 Le groupe nominal

Les déterminants possessifs

1 Complète avec *my*, *your*, *our*, *their*, en observant bien les sujets.

1. Peter and John are with **their** cousins.
2. We like **our** new classroom.
3. I always take the bus with **my** sister.
4. Mr and Mrs Waknin love **their** new car.
5. Have you got **your** tennis racket?

● Attention aux sujets au pluriel *Peter and John*, *Mr and Mrs Waknin* : le déterminant possessif correspondant est *their*.

2 Complète avec *his*, *her* ou *its*.

1. The little boy is with **his** mother.
2. Look at the house: **its** roof is high.
3. Lloyd is in **his** room.
4. The girl is playing in **her** room.
5. Is Allison working with **her** friend?

● Devant le nom *roof* (« toit »), on utilise le déterminant neutre *its*, pour faire référence à la maison (« son toit » = « le toit de la maison »).

3 Complète à l'aide de déterminants possessifs de la 3e personne.

1. It's Mary's bag. It's **her** bag.
2. It's Elton's piano. It's **his** piano.
3. It's Mr and Mrs Brown's car. It's **their** car.
4. Look at the bird's nest. Look at **its** nest.
5. It's the children's room. It's **their** room.

● Quand il y a plusieurs possesseurs (phrases 3 et 5), il faut penser à utiliser *their*.

4 À partir des deux éléments donnés, reconstitue la question et la réponse correspondante, selon l'exemple.

Ex. : *Jim / cat → Whose cat is it? It's his cat.*

1. my friends / bikes
Whose bikes are they? They're their bikes.
2. Maureen / shoes
Whose shoes are they? They're her shoes.
3. Cathy and I / computer
Whose computer is it? It's our computer.

● Dans la phrase 2, le possesseur est une fille, Maureen. Il faut utiliser le déterminant *her*.

5 Complète avec *his* ou *he's*.

1. Ben is my uncle. **He's** very nice.
2. William doesn't brush **his** teeth after lunch.
3. Is Michael reading **his** book?
4. Look at Stan: **he's** sad.

● Dans les phrases 1 et 4, tu dois utiliser le verbe *be* conjugué avec le sujet *he*.

6 Complète avec *its* ou *it's*.

1. The bird is in **its** nest.
2. Look at the baby: **it's** very small.
3. Look at the car. I like **its** colour.
4. Where is the key? **It's** in my pocket.

● Dans les phrases 1 et 3, on fait référence à un possesseur neutre (*the bird, the car*) ; il faut donc employer *its*.

Le génitif

1 Observe bien cet arbre généalogique. Indique le lien de parenté entre les personnes (il y a plusieurs possibilités).

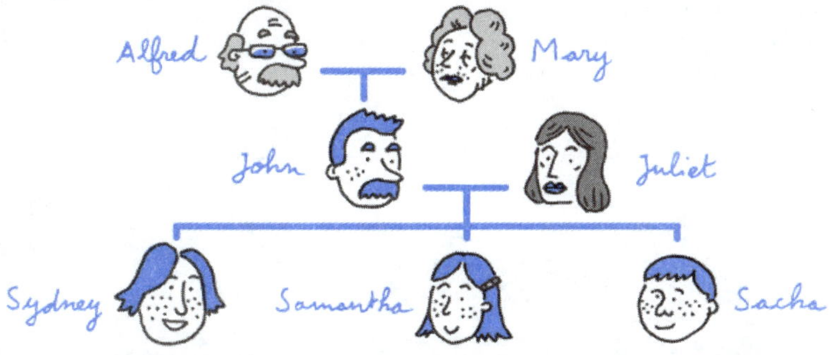

Ex. : *Who is Sacha? - He's John's son, Juliet's son, Sydney's brother, Samantha's brother.*

1. Who is Alfred? He's John's father, Sydney's grandfather, Sacha's grandfather, Samantha's grandfather.
2. Who is Mary? She's John's mother, Sacha's grandmother, Sydney's grandmother, Samantha's grandmother.
3. Who is John? He's Alfred's son, Mary's son, Sydney's father, Sacha's father, Samantha's father.
4. Who is Samantha? She's John's daughter, Juliet's daughter, Sydney's sister, Sacha's sister.

● Ici, le génitif permet de faire le lien entre les différents membres de la famille.

2 *Who are they?* Trouve les réponses à ces devinettes « familiales ».

1. Cameron is my mother's nephew's brother. He is my cousin.
2. Kate is my father's wife's daughter. She is my sister.
3. Sacha married my grandfather's son's brother. She married my uncle. She is my aunt.
4. Macho is my brother's daughter's dog. It's my niece's dog.

● Note, avec cet exercice, qu'on peut doubler les cas possessifs : *my brother's daughter's dog*, le chien de la fille de mon frère. L'expression est longue mais possible…

3 Comment désignerais-tu… ?

1. les jouets des enfants : the children's toys
2. la chambre de tes parents : my parents' room
3. des chaussures d'hommes : men's shoes
4. la voiture de tes cousins : my cousins' car

● Dans les phrases 1 et 3, on utilise les pluriels irréguliers *children* et *men*, suivis de la marque complète du génitif.

4 Réponds aux questions comme dans l'exemple donné.

Ex. : *Whose bike is it? (Cathy) - It's Cathy's bike. It's her bike.*

1. Whose pen is it? (my mother) – It's my mother's pen. It's her pen.
2. Whose socks are they? (Philip) – They're Philip's socks. They're his socks.
3. Whose cat is it? (the Browns) – It's the Browns' cat. It's their cat.
4. Whose glasses are they? (Mrs Barret) – They're Mrs Barret's glasses. They're her glasses.
5. Whose newspaper is it? (Allison) – It's Allison's newspaper. It's her newspaper.

● Dans chaque phrase, on utilise d'abord le génitif (***mother's** pen*) puis un déterminant possessif (***her** pen*).

7 Le groupe nominal
This et that

1 Mets ces phrases au singulier.

1. These pens are John's. → This pen is John's.
2. Those roses are beautiful. → That rose is beautiful.
3. These cakes are very good. → This cake is very good.
4. These exercises are easy. → This exercise is easy.

● Au singulier : *these* devient *this*, *those* devient *that*.

2 Pose la question et donne la réponse. Utilise *this* ou *that* selon le sens.

Ex. : *What's that? It's a taxi.*

1. What's this? It's a letter.

2. What's that? It's a bird.

3. What's this? It's a mobile.

● On utilise *this* et *that* selon l'éloignement de l'objet.
This : pour les objets proches,
that : pour les objets éloignés.

3 Que disent ces personnages? Complète les phrases.

1. Hello! This is Fred.

2. This is Mrs Winston.

3. Who's that?

4. What are those?

● Dans les phrases 3 et 4, la star et les cadeaux étant éloignés, on emploie *that* et *those*.

8 Le groupe nominal

Les pronoms personnels

1 Remplace les mots *en italique* par le pronom personnel sujet correspondant.

1. *His sister* is coming to the party. → She is coming to the party.
2. *My cousin Peter* lives in New York. → He lives in New York.
3. *Your parents* are never late. → They are never late.
4. *Her brother and I* often go to concerts. → We often go to concerts.

● Vérifie que tu as bien mis *we* pour *her brother and I*.

● Attention à *his sister* : c'est *sister* que tu prends en compte pour choisir le pronom personnel qui convient.

2 Coche le pronom personnel qui convient.

1. Listen to ■ *him* ❑ *her*. He is singing.
2. These tourists can't speak French. Help ■ *them* ❑ *they*.
3. We're late! Take ■ *us* ❑ *we* to the airport.
4. I'm hungry; give ■ *me* ❑ *her* a sandwich.
5. Those chairs are broken; repair ❑ *it* ■ *them*.

● Attention, on n'attendait ici que des pronoms personnels compléments (et non des pronoms personnels sujets).

3 Remplace les mots *en italique* par le pronom personnel qui convient.

1. Look at *my mother*. → Look at her.
2. Where are *the children*? → Where are they?
3. He's playing with *my sister and I*. → He's playing with us.
4. What colour is *your car*? → What colour is it?
5. Listen to *your father*. → Listen to him.

● Dans la phrase 3, *my sister and I* comprend un nom et un pronom personnel de la 1re personne. Tu dois le remplacer par le pronom personnel *us*.

4 Forme des phrases à l'aide des mots suivants mis dans le bon ordre.

1. help / you / us / can / ? → Can you help us?
2. buy / a / car / they / can't / new → They can't buy a new car.
3. piece / her / give / a / cake / of → Give her a piece of cake.

● Vérifie que tu as bien placé les pronoms personnels compléments après le verbe.

5 Relie chaque question à la réponse brève correspondante.

● Note que les formes négatives sont contractées : *isn't*, *can't*.

9 Le groupe nominal
Les adjectifs qualificatifs

1 Mets ces phrases au pluriel.

1. The blue mobile is expensive. → The blue mobiles are expensive.
2. His cousin is tall. → His cousins are tall.
3. The chair is comfortable. → The chairs are comfortable.
4. Is your bike new? → Are your bikes new?
5. This is my new friend. → These are my new friends.

● Les noms et les verbes prennent la marque du pluriel. Vérifie que tu n'as pas mis d's aux adjectifs. Dans la phrase 5, le déterminant démonstratif *this* devient *these* au pluriel.

2 Forme une seule phrase à partir des deux phrases données.

Ex. : *It's a house. It's big.* → *It's a big house.*

1. It's a drink. It's cold. → It's a cold drink.
2. It's an armchair. It's comfortable. → It's a comfortable armchair.
3. It's an exercise. It's difficult. → It's a difficult exercise.
4. It's a pen. It's expensive. → It's an expensive pen.
5. It's a message. It's important. → It's an important message.
6. It's a taxi. It's red. → It's a red taxi.

● Il faut faire attention à utiliser l'article *an* quand l'adjectif commence par une voyelle. C'est le cas dans les phrases 4 et 5.

3 Regarde les dessins et décris-les en utilisant les adjectifs donnés : *dirty – big – old – heavy – tall – comfortable.*

Ex. : *It's a comfortable armchair.*

1. It's a big dog.
2. It's a dirty T-shirt.
3. They're heavy boxes.
4. It's an old house.
5. She's a tall woman.

● Vérifie que tu as bien placé l'adjectif épithète devant le nom.

● Attention, pas d'article *a* devant un nom pluriel dans la phrase 3.

4 Remets ces phrases dans le bon ordre.

1. young / is / a / she / very / doctor → She is a very young doctor.
2. wearing / a / dirty / is / he / pullover → He is wearing a dirty pullover.
3. an / this / Italian / is / restaurant / ? → Is this an Italian restaurant?
4. teacher / her / English / nice / patient / and / is → Her English teacher is nice and patient.

● Dans la dernière phrase, on a coordonné les deux adjectifs attributs avec *and*.

5 Comment désignerais-tu... ?

1. un champion italien : an Italian champion.
2. une chanteuse espagnole : a Spanish singer.
3. un peintre français : a French painter.

● Vérifie que tu as bien écrit les adjectifs de nationalité avec une majuscule.

10 Le groupe nominal

Les prépositions de lieu

1 Réponds aux questions suivantes en utilisant la préposition qui convient.

1. Is the man in the car?
No, he is under the car.

2. Is the girl on the tree?
No, she is behind the tree.

3. Is the ladder behind the door?
No, it is between the door and the window.

● Pour décrire la place précise de l'échelle entre la porte et la fenêtre, il faut employer la préposition *between* (entre).

2 Complète le dessin à l'aide des indications données.

1. There's a boat on the river.
2. A boy's having a bath in the river.
3. Three cars are parked near the tree.
4. A dog is running to the fisherman.

● Vérifie que le chien que tu as dessiné se dirige vers le pêcheur (préposition *to*).

3 Complète les phrases en utilisant des prépositions.

FRED. – Hi Peter! This is Sally, my American pen friend.
PETER. – Hi Sally! Where are you **from**?
SALLY. – I'm **from** Denver in Colorado.
PETER. – Where are you staying?
SALLY. – I'm staying **at** my cousins'. They're French. They live two blocks **from** your school.
FRED. – Peter, we're going **to** a fast-food restaurant. Do you want to come with us?
PETER. – Too bad! Not tonight. I must go **to** my grandparents'. Why not tomorrow?
SALLY. – So maybe next year. Tomorrow I'm going back **to** the States…

● *They live two blocks **from** your school.* Ils habitent à deux « pâtés de maison » de l'école (l'école est le point de départ à partir duquel on mesure la distance).

Corrigés

11 Le groupe verbal
Be au présent (1)

1 Complète ces phrases en employant le verbe *be*. N'utilise pas de contractions.

1. You **are** English but I **am** from Canada.
2. My friend Lucy **is** Canadian too.
3. She **is** eleven.
4. We **are** in Montreal.
5. It **is** 3 p.m. in Montreal.
6. My parents **are** at work.

● Avec le sujet *you*, on doit employer la forme verbale *are* même si l'on s'adresse à une seule personne.

2 Mets les phrases suivantes à la forme interrogative.

Ex. : *It's a good book. Is it a good book?*

1. They're from Japan. Are they from Japan?
2. Bob's American. Is Bob American?
3. They're in the classroom. Are they in the classroom?
4. That's her mobile. Is that her mobile?
5. It's a good CD. Is it a good CD?

● Il est impossible de commencer une phrase par une apostrophe. Pour construire la forme interrogative, on remet donc d'abord l'auxiliaire *be* à la forme entière. Puis on fait passer l'auxiliaire avant le sujet.

3 À partir des mots de chaque liste, forme une phrase négative. Attention au mot intrus.

1. boys / in / <u>is</u> / the / garden / are / the / not
The boys are not in the garden.
2. I / not / from / 'm / <u>is</u> / London
I'm not from London.
3. it / an / <u>aren't</u> / isn't / English / bus
It isn't an English bus.
4. the / sandwiches / <u>bread</u> / aren't / kitchen / the / in
The sandwiches aren't in the kitchen.

● Phrase 1, mot intrus = *is*.
On ne peut pas utiliser *is* car le sujet est au pluriel.
Phrase 2, mot intrus = *is*.
On ne peut pas utiliser *is* car le sujet est à la 1re personne du singulier.
Phrase 3, mot intrus = *aren't*.
On ne peut pas utiliser *aren't* car le sujet est au singulier.
Phrase 4, mot intrus = *bread*.
On ne peut pas utiliser le mot *bread* car le verbe est au pluriel.

4 Relie la question et la réponse brève qui vont ensemble.

1. Is Elton John a clown?
2. Are you American?
3. Are we late?
4. Is Lucy a pianist?
5. Are your parents at home?
6. Is it a new book?

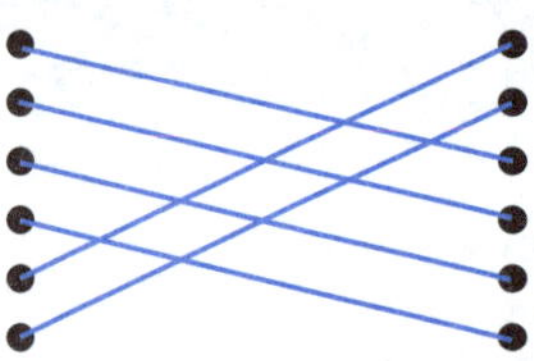

A. No, they aren't.
B. Yes, it is.
C. No, he isn't.
D. Yes, I am.
E. Yes, we are.
F. No, she isn't.

● Dans une réponse brève, on n'emploie pas la forme contractée lorsque l'on répond par *yes*.

● Note qu'on aurait pu aussi associer la question 2 et la réponse E, si *you* désigne plusieurs personnes.

Le groupe verbal

12 *Be* au présent (2)

1 Complète avec *there is* ou *there are*.

1. There are seven days in a week.
2. There is a big poster in the classroom.
3. There is a lot of noise.
4. There are three rooms in my house.

● On emploie *there is* lorsque le nom qui suit (*poster, noise*) est au singulier et *there are* lorsque le nom qui suit (*days, rooms*) est au pluriel.

2 Un bruit bizarre t'a empêché d'entendre l'indication de nombre contenue dans chacune de ces phrases. Pose la question qui te permettra de la connaître.

Ex. : *There are ? cakes in the kitchen.* → ***How many*** *cakes* ***are there*** *in the kitchen?*

1. There are ? books on the table. → How many books are there on the table?
2. There are ? flowers in the vase. → How many flowers are there in the vase?
3. There are ? shoes under the bed. → How many shoes are there under the bed?
4. There are ? CDs near the lamp. → How many CDs are there near the lamp?

● Pour poser une question sur la quantité, on emploie *how many*, suivi d'un nom au pluriel.

● Il faut penser ensuite à faire passer l'auxiliaire *are* avant le sujet *there* (inversion).

3 Regarde le dessin et donne des réponses brèves aux questions.

1. Is there a boy on the bed? Yes, there is.
2. Is there a woman in the room? No, there isn't.
3. Is there a poster on the wall? Yes, there is.
4. Is there an armchair near the door? No, there isn't.
5. Is there a plant under the window? No, there isn't.
6. Are there books on the desk? Yes, there are.

● La forme contractée peut s'utiliser à la forme négative mais ne s'utilise jamais dans les réponses affirmatives.

4 Comment dirais-tu que… ?

1. il fait très froid aujourd'hui. → It is very cold today.
2. Brian a 12 ans. → Brian is twelve (years old).
3. il n'a pas faim mais il a soif. → He isn't hungry but he is thirsty.
4. tu vas bien. → I am fine / well.

● On peut aussi bien employer la forme pleine de *be* que la forme contractée.

● Pour parler de l'âge de Brian, on peut juste donner le nombre correspondant à l'âge : *Brian is twelve*, ou utiliser la structure complète : *Brian is twelve years old*.

Corrigés

13 Le groupe verbal

Have got

1 Regarde l'arbre généalogique et trouve de qui il s'agit.

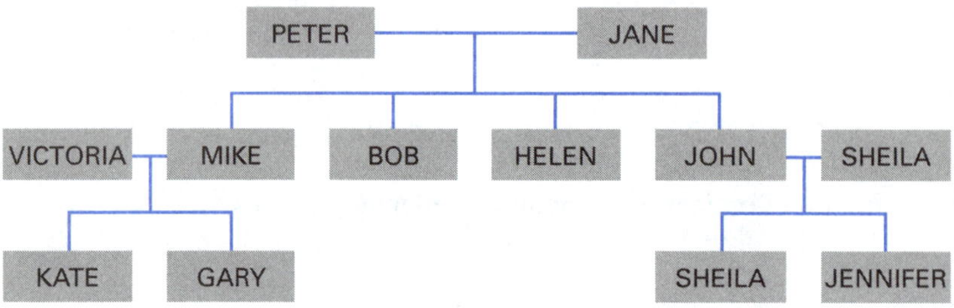

1. She has got three brothers. Her name is Helen.
2. They have got four children. Their names are Peter and Jane.
3. He has got two children. His wife's name is Victoria. His name is Mike.
4. She has got two daughters. Her name is Sheila.
5. He has got two uncles. His name is Gary.

● On emploie les déterminants possessifs *her* quand il s'agit d'un possesseur féminin et *his* pour un possesseur masculin.

2 Remets les mots dans le bon ordre pour déchiffrer le message que Dave a reçu.

1. got / I've / beautiful / dog / a /.
→ I've got a beautiful dog.
2. you / got / dog / a / have / too / ?
→ Have you got a dog too?
3. sister / has / my / hamsters / two / got / .
→ My sister has got two hamsters.
4. got / your / have / any / brothers / pets / ?
→ Have your brothers got any pets?

● N'oublie pas que dans le cas de phrases interrogatives on fait une inversion.

● Dans la phrase 2, on observe que lorsque le mot *too* signifie « aussi, également », on doit le placer à la fin de la phrase.

3 Regarde les dessins et réponds aux questions.

Ex. : *Has John got a cat? No, he hasn't. He has got a dog.*

1. Has Susan got a bike?
No, she hasn't.
She has got a car.

2. Has he got a rabbit?
No, he hasn't.
He has got a goldfish.

3. Have they got a small dog?
No they haven't.
They have got a big dog.

● Après chaque réponse brève, on aurait pu employer une autre forme contractée ; phrase 1 : *she's got...* ; phrase 2 : *he's got...* ; phrase 3 : *they've got...*

Tableaux de conjugaison

N. B. : Seules les formes pleines figurent dans les tableaux ci-dessous. Pour les formes contractées, reporte-toi aux leçons correspondant aux verbes et aux temps cités.

Be

	PRÉSENT	PRÉTÉRIT
Forme affirmative	I am you are he, she, it is we are you are they are	I was you were he, she, it was we were you were they were
Forme interrogative	am I...? are you...? is he, she, it...? are we...? are you...? are they...?	was I...? were you...? was he, she, it ...? were we...? were you...? were they...?
Forme négative	I am not you are not he, she, it is not we are not you are not they are not	I was not you were not he, she, it was not we were not you were not they were not

Have got

	PRÉSENT
Forme affirmative	I have got you have got he, she, it has got we have got you have got they have got
Forme interrogative	have I got...? have you got...? has he, she, it got...? have we got...? have you got...? have they got...?
Forme négative	I have got not you have got not he, she, it has got not we have got not you have got not they have got not

Can

PRÉSENT	PRÉTÉRIT
I can you can he, she, it can we can you can they can	I could you could he, she, it could we could you could they could
can I...? can you...? can he, she, it...? can we...? can you...? can they...?	could I...? could you...? could he, she, it...? could we...? could you...? could they...?
I cannot you cannot he, she, it cannot we cannot you cannot they cannot	I could not you could not he, she, it could not we could not you could not they could not

VERBE RÉGULIER : *play*

	PRÉSENT SIMPLE	PRÉSENT EN *be* +V-*ing*	PRÉTÉRIT
Forme affirmative	I play you play he, she, it plays we play you play they play	I am playing you are playing he, she, it is playing we are playing you are playing they are playing	I played you played he, she, it played we played you played they played
Forme interrogative	do I play? do you play? does he, she, it play? do we play? do you play? do they play?	am I playing? are you playing? is he, she, it playing? are we playing? are you playing? are they playing?	did I play? did you play? did he, she, it play? did we play? did you play? did they play?
Forme négative	I do not play you do not play he, she, it does not play we do not play you do not play they do not play	I am not playing you are not playing he, she, it is not playing we are not playing you are not playing they are not playing	I did not play you did not play he, she, it did not play we did not play you did not play they did not play

VERBE IRRÉGULIER : *come*

	PRÉSENT SIMPLE	PRÉSENT EN *be* +V-*ing*	PRÉTÉRIT
Forme affirmative	I come you come he, she, it comes we come you come they come	I am coming you are coming he, she, it is coming we are coming you are coming they are coming	I came you came he, she, it came we came you came they came
Forme interrogative	do I come? do you come? does he, she, it come? do we come? do you come? do they come?	am I coming? are you coming? is he, she, it coming? are we coming? are you coming? are they coming?	did I come? did you come? did he, she, it come? did we come? did you come? did they come?
Forme négative	I do not come you do not come he, she, it does not come we do not come you do not come they do not come	I am not coming you are not coming he, she, it is not coming we are not coming you are not coming they are not coming	I did not come you did not come he, she, it did not come we did not come you did not come they did not come

Liste des verbes irréguliers

Base verbale	Prétérit	Sens
b		
be	was, were	*être*
begin	began	*commencer*
break	broke	*casser*
bring	brought	*apporter*
build	built	*construire*
buy	bought	*acheter*
c		
come	came	*venir*
cut	cut	*couper*
d		
do	did	*faire*
drink	drank	*boire*
drive	drove	*conduire*
e		
eat	ate	*manger*
f		
fall	fell	*tomber*
feel	felt	*(se) sentir*
find	found	*trouver*
g		
get	got	*devenir, obtenir*
get up	got up	*se lever*
give	gave	*donner*
go	went	*aller*
h		
have	had	*avoir*
hear	heard	*entendre*
hurt	hurt	*blesser, faire mal*
k		
keep	kept	*garder*
know	knew	*savoir, connaître*

l		
learn	learnt	*apprendre*
m		
make	made	*faire, fabriquer*
meet	met	*rencontrer*
p		
put	put	*mettre*
r		
read	read	*lire*
ride	rode	*aller à vélo ou à cheval*
run	ran	*courir*
s		
say	said	*dire*
see	saw	*voir*
sell	sold	*vendre*
sing	sang	*chanter*
sit	sat	*être assis, e*
sleep	slept	*dormir*
speak	spoke	*parler*
spend	spent	*passer du temps, dépenser*
stand	stood	*être debout*
swim	swam	*nager*
t		
take	took	*prendre*
teach	taught	*enseigner*
tell	told	*dire*
think	thought	*penser*
u		
understand	understood	*comprendre*
w		
wake up	woke up	*(se) réveiller*
wear	wore	*porter un vêtement*
win	won	*gagner*
write	wrote	*écrire*

14 Le groupe verbal
Can et can't

1 Vrai ou faux ? Coche les bonnes réponses.

	Vrai	Faux
1. Un auxiliaire modal est toujours accompagné d'un verbe.	■	❑
2. Ce verbe est sous la forme V-*ing*.	❑	■
3. Un auxiliaire modal est invariable.	■	❑
4. À la forme interrogative, il se place avant le sujet.	■	❑

- Un auxiliaire modal est toujours suivi de la base verbale du verbe.
- Les auxiliaires modaux sont invariables : ils ne prennent pas de **s** à la 3e personne du singulier.

2 Remets les mots dans le bon ordre pour savoir ce que Karl sait faire ; puis trouve la question qu'il pose à son camarade, comme dans l'exemple.

1. can / I / t
– I can play
– Can you play tennis too?

2. swim / can / I
– I can swim.
– Can you swim too?

3. horse / ride / can / I / a
– I can ride a horse.
– Can you ride a horse too?

4. I / ski / can / well / very
– I can ski very well.
– Can you ski (very well) too?

- À la forme affirmative, l'auxiliaire modal se place après le sujet.
On construit la forme interrogative en faisant passer l'auxiliaire modal avant le sujet (on n'utilise pas l'auxiliaire *do*).

3 Regarde les réponses de Kevin et Cindy aux questions suivantes et rédige des phrases.

	Kevin	Cindy
Can you play the piano?	Yes	No
Can you speak French?	No	Yes
Can you dance?	No	Yes
Can you make cakes?	Yes	No

1. Kevin can play the piano. Cindy can't play the piano.
2. Kevin can't speak French. Cindy can speak French.
3. Kevin can't dance. Cindy can dance.
4. Kevin can make cakes. Cindy can't make cakes.

- La forme négative pleine *cannot* est très peu employée, on utilise *can't* pou exprimer la négation.

4 Complète les phrases suivantes en utilisant *can* ou *can't*.

1. Horses can't fly.
2. Lions can run very fast.
3. Elephants can't play football.
4. Kangaroos can jump.
5. Hippos can't ski.
6. Fish can't speak English.

- Le mot *fish* (phrase 6) reste généralement invariable au pluriel.

15 Le groupe verbal
Must et *mustn't*

1 À peine rentré de l'école, Cinderello reçoit des ordres. Aide-le à comprendre ce qu'on l'oblige à faire.

1. must / you / your / tidy / room → You must tidy your room.
2. bed / your / make / must / you → You must make your bed.
3. hoovering / the / must / you / do → You must do the hoovering.
4. you / do / shopping / the / must → You must do the shopping.
5. out / dog / must / the / take / you → You must take the dog out.

● *You must* suivi de la base verbale permet d'exprimer l'ordre.

2 Réagis aux phrases suivantes en utilisant *must* et *mustn't* comme dans l'exemple ci-dessous.

Ex : *John's playing football in his bedroom. He mustn't play football in his bedroom. He must play football in the garden.*

1. Susan is sleeping on the floor.
She mustn't sleep on the floor. She must sleep in her bed.
2. Bill is cooking in the bathroom.
He mustn't cook in the bathroom. He must cook in the kitchen.
3. The children are doing their homework in the hall.
They mustn't do their homework in the hall. They must do their homework in their room.
4. Ben is putting the bottles of milk on the T.V. set.
He mustn't put the bottles of milk on the T.V. set. He must put them in the fridge.

● *Must* et *mustn't* sont toujours suivis de la base verbale.

3 Complète les phrases suivantes en utilisant *can*, *can't* ou *must* et reconstitue ainsi deux petites conversations.

1. Can I go to the swimming-pool?
– No, you can't. You must do your homework.
2. Can you come to Joe's birthday party?
– Yes, I can. But I must tidy my room before going out.

● Dans les questions, l'auxiliaire modal est placé avant le sujet. Dans les réponses brèves, l'auxiliaire modal suit le sujet.

4 Qu'expriment les phrases suivantes ? Coche les bonnes réponses.

	Capacité	Impossibilité	Obligation	Interdiction
1. You mustn't smoke.	❑	❑	❑	■
2. He can speak Italian.	■	❑	❑	❑
3. She can run very fast.	■	❑	❑	❑
4. He must do his homework.	❑	❑	■	❑
5. I can't come today. I'm ill.	❑	■	❑	❑
6. You mustn't drive too fast.	❑	❑	❑	■

● Phrase 1 : Vous ne devez pas fumer. C'est interdit.

● Phrase 2 : Il sait parler italien. Il en a la capacité.

● Phrase 5 : Je suis malade. Je suis donc dans l'impossibilité de venir aujourd'hui.

5 Un bruit bizarre t'a empêché d'entendre une partie de la phrase. Pose la question qui te permettra de comprendre de quoi on parle.

1. Susan must get up at half ? . What time must Susan get up?
2. You can have ? after dinner. What can I have after dinner? ou What can we have after dinner?
3. They must go to ? . Where must they go?
4. They must call Mr ? . Who must they call?
5. Peter can go to the restaurant on ? . When can Peter go to the restaurant?

● Dans ces questions, l'ordre des mots est toujours le même : mot interrogatif + auxiliaire modal + sujet + verbe.

● Dans les phrases 2 et 5, le verbe est suivi d'un complément.

Le groupe verbal

16 Le présent simple

1 Quels sujets peut-on relier à la forme verbale ci-dessous ? Écris l'une des phrases correctes ainsi obtenues.

The boys			Mr and Mrs Todd
Jenny	speaks English		Helen
My sister			My parents

Jenny speaks English. My sister speaks English. Helen speaks English.

- On ne peut pas construire de phrases avec les sujets *Mr and Mrs Todd, The boys* et *My parents* car ces sujets correspondent à une 3e personne du pluriel.

2 Remets dans l'ordre les mots suivants pour construire des questions correctes.

	Auxil.	Sujet	Base verb.	Complément
1. you / do / hamburgers / like ?	Do	you	like	hamburgers?
2. your / tennis / does / play / sister ?	Does	your sister	play	tennis?
3. their / speak / French / do / children ?	Do	their children	speak	French?
4. take / does / he / the / bus ?	Does	he	take	the bus?
5. T.V. / day / do / watch / you / every ?	Do	you	watch	T.V. every day?

- Les phrases 2 et 4 sont à la 3e personne du singulier mais le verbe ne prend pas de **s** car, à la forme interrogative, c'est l'auxiliaire qui porte cette terminaison.

3 Mets les phrases du texte suivant à la forme interrogative, puis négative.

1. They get up early. – **2.** Sandy drinks tea. – **3.** She likes tea very much.
4. Her parents prefer coffee. – **5.** They drink white coffee.

Forme interrogative	Forme négative
1. Do they get up early?	No, they don't get up early.
2. Does Sandy drink tea?	No, Sandy doesn't drink tea.
3. Does she like tea very much?	No, she doesn't like tea very much.
4. Do her parents prefer coffee?	No, her parents don't prefer coffee.
5. Do they drink white coffee?	No, they don't drink white coffee.

- Au présent simple, on utilise l'auxiliaire *do* aux formes interrogative et négative.
Do devient *does* à la 3e personne du singulier.
- Dans la dernière phrase, il est question de *white coffee* : il s'agit tout simplement de café au lait.

4 Trouve la réponse brève correspondant à chacune de ces questions.

1. Does your brother like cheese? – Yes, he does.
2. Do you play squash? – Yes, I do. / – Yes, we do.
3. Does Peter often wear jeans? – No, he doesn't.
4. Do your parents want to sleep? – No, they don't.
5. Do you help your sister? – No, I don't. / – No, we don't.

- On reprend l'auxiliaire dans toutes les réponses brèves.
- Lorsque l'on répond par non, on ajoute la négation à l'auxiliaire.

Le groupe verbal

17 Le présent en *be + V-ing*

1 Complète ce texte rédigé au présent en *be + V-ing*.

We are in the living-room.
1. I am listening to my walkman.
2. Ann is reading a book.
3. David is playing computer games.
4. Mark is watching a DVD.
5. Our parents are drinking a cup of tea.
6. We are waiting for our cousins.

• L'auxiliaire *be* est conjugué au présent et il s'accorde avec le sujet. La base verbale prend la terminaison en *-ing* et reste invariable.

2 Retrouve les questions qui ont provoqué les réponses suivantes.

Ex. : *What are you doing? - I'm swimming.*
1. What are you doing? – I am watching a cartoon.
2. What are you doing? – We are speaking.
3. What are they doing? – They are playing golf.
4. What is he doing? – He is drinking.
5. What is she doing? – She is looking at a photo.

• Toutes les questions présentent la même construction que la phrase d'exemple avec inversion du sujet. Les questions 1 et 2 sont les mêmes : le sujet *you* permet de s'adresser à une ou à plusieurs personnes.

3 Un bruit bizarre t'a empêché d'entendre une partie de la phrase. Pose la question qui te permettra de comprendre de quoi on parle.

1. Peter is eating a ?
2. Lucy is phoning her ?
3. The children are going to ?
4. Bob and Sally are watching a ?
5. Shirley is ? in her room.

1. What is Peter eating?
2. Who is Lucy phoning?
3. Where are the children going?
4. What are Bob and Sally watching?
5. What is Shirley doing?

• Phrase 2 : On utilise *who* car on pose une question sur l'identité de la personne. On demande **à qui** Lucy téléphone.

• Phrase 3 : On utilise *where* car on pose une question sur le lieu.

• Phrase 5 : C'est le verbe qui est caché. On doit donc demander ce que Shirley est en train de faire.

4 Trouve la réponse brève correspondant à chaque question.

1. Are the children working? – Yes, they are.
2. Is Mary listening to records? – Yes, she is.
3. Are you going to the stadium? – No, I'm not/ No, we aren't.
4. Is it raining? – No, it isn't.
5. Is Philip washing his pullover? – Yes, he is.

• Dans une réponse brève positive (avec yes), on n'emploie jamais de forme contractée.

Le groupe verbal

18 Présent simple ou présent en *be + V-ing* ?

1 Coche les phrases qui évoquent une action habituelle.

1. Helen is playing cards. ☐
2. Gary tidies his room every day. ☑
3. She's phoning her friend. ☐
4. They're listening to the radio. ☐
5. We never watch horror films. ☑
6. He always cooks dinner. ☑
7. Kevin plays football on Sundays. ☑
8. Sandy is sleeping. ☐

● Les mots ou expressions *every day* (tous les jours), *never* (jamais), *always* (toujours), *on Sundays* (tous les dimanches) signalent des actions habituelles.

2 Complète les questions suivantes avec un auxiliaire.

1. Do you understand?
2. Is Mary coming with us?
3. Are Peter and Jane going to the circus?
4. Does she take the bus every morning?
5. Are you writing a letter?
6. Is Dave making an omelette?
7. Do your parents buy fruit every day?

Sous quelle forme est le verbe quand la question est au présent simple ?

Lorsqu'une question est au présent simple, le verbe est à la base verbale.

● Les phrases 1, 4 et 7 sont au présent simple. Les questions doivent donc être construites avec l'auxiliaire ***do***, qui devient ***does*** à la 3e personne du singulier.

3 Mets les phrases suivantes à la forme interrogative, comme dans l'exemple donné.

Ex. : *Stephen is going to the zoo.* → *Is he going to the zoo?*

1. Helen is writing a letter. → Is she writing a letter?
2. Bob buys a lot of chocolate. → Does he buy a lot of chocolate?
3. Karen is sitting on the sofa. → Is she sitting on the sofa?
4. Jane and Kate watch T.V. every day. → Do they watch T.V. every day?
5. The Browns are going to a party. → Are they going to a party?

● Pour transformer les phrases données en questions, on a utilisé l'auxiliaire *do* pour les phrases 2 et 4 car elles sont au présent simple et l'auxiliaire *be* pour les phrases 1, 3 et 5.

4 Complète ce petit texte en mettant les verbes entre parenthèses au présent simple ou au présent en *be + V-ing*.

It is Sunday today. **1.** Sally is in the bathroom: she is washing her hair. – **2.** She always washes her hair on Sundays. – **3.** Peter is in the kitchen: he is making a cake. – **4.** He makes a cake every Sunday. – **5.** Look! The children are helping him because they like cakes very much.

● On emploie le présent en *be + V-ing* pour parler de ce que Sally, Peter et les enfants font en ce moment.

● On emploie le présent simple pour parler de leurs habitudes et de leurs goûts.

5 Coche les bonnes réponses.

1. On utilise le présent en *be + V-ing* pour parler :
☐ d'une action habituelle
☑ d'une action en train de se dérouler

2. Quelle est la phrase qui parle d'une action en train de se dérouler ?
☑ She is reading a magazine.
☐ They go to England every year.
☐ We watch T.V. on Sundays.

3. Dans une question au présent en *be + V-ing*, l'ordre des mots est :
auxiliaire + sujet + base verbale + *-ing*
☑ Vrai. ☐ Faux.

He's working hard!

● Question 2. La phrase cochée est au présent en *be + V-ing* tandis que les deux autres, qui évoquent des actions répétées ou habituelles, sont au présent simple.

19 Le groupe verbal
Be au prétérit

1 Oliver raconte sa sortie scolaire à un camarade. Complète son récit avec la bonne forme de *be* au prétérit.

1. Yesterday we were at the theatre.
2. The theatre was in London, at Leicester Square.
3. The play was very good. It was funny.
4. The actors were wonderful.
5. I was happy to go to the theatre and all my schoolfriends were happy too.

- On emploie *was* avec un sujet au singulier et *were* avec un sujet au pluriel.
- *Leicester Square* est un quartier très animé de Londres où se trouvent la plupart des théâtres londoniens.

2 Remets les mots dans le bon ordre pour construire des phrases à la forme affirmative ou à la forme interrogative.

1. very / afternoon / was / it / sunny / yesterday
→ It was very sunny yesterday afternoon.
2. Tuesday / last / your / where / were / parents / ?
→ Where were your parents last Tuesday?
3. late / was / school / Jimmy / for / ?
→ Was Jimmy late for school?
4. were / my / born / parents / America / in
→ My parents were born in America.

- Les phrases 1 et 4 sont affirmatives ; l'auxiliaire se place donc après le sujet.
- Les phrases 2 et 3 sont interrogatives ; il faut faire l'inversion.

3 Vrai ou faux ? Complète les phrases suivantes avec la bonne forme de *be* au prétérit, à la forme affirmative ou négative.

1. The Beatles were English.
2. Christopher Colombus was not a famous painter.
3. Elvis Presley was a rock singer.
4. Shakespeare was not American.
5. Laurel and Hardy were famous actors.

- Dans les phrases 2 et 4, on aurait pu employer la forme contractée *wasn't*.
- La phrase 2 fait référence à Christophe Colomb dont la célébrité n'est pas due à ses talents de peintre !
- La phrase 3 fait référence au très célèbre écrivain **anglais** Shakespeare.

4 Donne des réponses brèves aux questions suivantes.

1. Was the window open? No, it wasn't.
2. Was the dog in the garden? Yes, he was.
3. Were you on holidays? No, I wasn't./ No, we weren't.
4. Was Jennifer angry? No, she wasn't.
5. Were your parents at home? Yes, they were.

- Phrase 1 : *the window* représente un objet. On emploie donc le pronom sujet neutre *it* dans la réponse brève.
- Phrase 3 : pour parler d'un animal domestique, on n'emploie pas le neutre *it*. *The dog* est repris par le pronom personnel *he* dans la réponse brève.

20 Le prétérit : verbes réguliers et verbes irréguliers

1 Mets les verbes donnés au prétérit.

1. My friends liked the film.
2. I called my parents yesterday.
3. Jimmy looked at the photos two days ago.
4. The students asked a lot of questions.
5. We played tennis last week.

• Quand la base verbale se termine déjà par un ***e***, on ajoute seulement la lettre ***d*** pour former le prétérit (phrase 1 : *like* → *like**d***)

2 Pour parler de ce qui s'est passé lundi dernier, utilise les verbes suivants au prétérit : *see – buy – go – have – take.*

1. Last Monday, I went to the cinema with my aunt.
2. We saw a detective film.
3. After the film, we had dinner at a fast-food restaurant.
4. We bought some strawberry ice cream.
5. We took the bus to get back home.

• Les verbes irréguliers anglais sont très faciles à apprendre et à utiliser car ils sont invariables à toutes les personnes.

3 Ronald a fait un bien beau rêve. Mais au réveil, il s'aperçoit que tout est faux. Mets le récit de son rêve à la forme négative pour revenir à la réalité.

1. It was my birthday yesterday.
2. My best friends were with me.
3. We played ball games in the garden.
4. My parents made a delicious cake.
5. I had some presents.

1. It wasn't my birthday yesterday.
2. My best friends weren't with me.
3. We didn't play ball games in the garden.
4. My parents didn't make a delicious cake.
5. I didn't have any presents.

• Les phrases 1 et 2 contiennent l'auxiliaire *be*. On accroche la négatio directement à *was* qui devient *wasn't* et à *were* qui devient *weren't*.

• Pour les phrases 3, 4, 5 et 6, on utilise *didn't* et on n'oublie pas de remettre le verbe à la base verbale.

• Dans la phrase 5, on emploie *any* au lieu de *some* car la phrase est négativ

4 Donne des réponses brèves aux questions suivantes.

1. Did your sisters bring their rackets? Yes, they did.
2. Did you like this book? No, I didn't./ No, we didn't.
3. Were you tired yesterday? No, I wasn't./ No, we weren't.
4. Did the teacher talk to you? Yes, he did./ Yes, she did.
5. Was the window open? Yes, it was.

• Dans les phrases 2 et 3, deux réponses sont possibles car la question contenant *you* peut s'adresser à une ou à plusieurs personnes.

• Dans la phrase 4, deux réponses sont possibles car le mot *teacher* peut désigner un homme ou une femme.

L'expression de l'avenir

1 Mary-Alice vient de s'inscrire en colonie de vacances. Elle envoie un message à sa meilleure amie pour lui parler de toutes les activités qu'elle va faire. Aide-la à rédiger son message.

1. I am going to have tennis lessons.
2. I am going to ride a mountain bike.
3. I am going to swim in the sea.
4. I am going to have picnics on the beach.
5. I am going to play basket-ball.

● Pour parler de ce qu'elle a l'intention de faire, Mary-Alice commence toutes ses phrases par *I am going to...* que l'on peut également mettre à la forme contractée *I'm going to...*

2 Donne des réponses brèves aux questions suivantes.

1. Are you going to take the train? No, I'm not./ No, we aren't.
2. Is Tim going to buy a new car? No, he isn't.
3. Are they going to have a party next Saturday? Yes, they are.
4. Is Shirley going to visit Paris? Yes, she is.

● Dans la phrase 1, deux réponses sont possibles car le sujet *you* permet de s'adresser à une ou plusieurs personnes.

● On n'emploie pas de forme contractée dans une réponse brève affirmative.

3 Utilise les éléments donnés pour construire une question et donner une réponse négative.

Ex. : *you / play tennis → Are you going to play tennis? No, I'm not.*

1. your parents / invite their friends
→ Are your parents going to invite their friends? No, they aren't.
2. Michael / call Laura
→ Is Michael going to call Laura? No, he isn't.
3. your sister / do her homework
→ Is your sister going to do her homework? No, she isn't.
4. you / take a taxi
→ Are you going to take a taxi? No, I'm not.

● Les questions ont toutes la même construction : auxiliaire *be* / sujet / *going to* / base verbale / compléments.

4 À partir des éléments donnés, construis deux phrases exprimant le futur.

Ex. : *I / take the plane / tomorrow.* → *I'm **taking** the plane tomorrow.*
→ *I'm **going to take** the plane tomorrow.*

1. he / give a concert / tonight
→ He's giving a concert tonight.
→ He's going to give a concert tonight.
2. I / play football / tomorrow
→ I'm playing football tomorrow.
→ I'm going to play football tomorrow.
3. they / have a party / next Saturday
→ They're having a party next Saturday.
→ They're going to have a party next Saturday.

● Pour parler de l'avenir, on peut utiliser :
– soit le présent en *be + V-ing* lorsque la phrase contient un complément indiquant l'idée de futur,
– soit l'expression *be going to* suivie de la base verbale.

L'impératif

1 Utilise des phrases à l'impératif pour demander à quelqu'un...

1. de t'écouter : Listen to me.
2. de t'attendre : Wait for me.
3. d'ouvrir la porte : Open the door.
4. de partir avant six heures : Leave before six o'clock.
5. d'écrire son nom : Write your name.

● Ces phrases pourraient s'adresser à une ou à plusieurs personnes. Il n'y a pas de différence entre la 2e personne du singulier et la 2e personne du pluriel.

2 Utilise l'impératif pour demander aux personnes de ne pas faire ce qu'elles font.

Ex. : *He's eating his sandwich now.* → ***Don't eat** your sandwich now!*

1. He is writing on the walls.
→ Don't write on the walls!
2. She is sleeping in the armchair.
→ Don't sleep in the armchair!
3. He is putting his shoes on his bed.
→ Don't put your shoes on your bed!
4. He is brushing his hair in the kitchen.
→ Don't brush your hair in the kitchen!
5. She is playing football in the living-room.
→ Don't play football in the living-room!

● Pour construire la forme négative de l'impératif, on utilise *don't* suivi de la base verbale.

3 Ton professeur voudrait rappeler certaines règles à respecter en classe. Complète les phrases en mettant les verbes donnés à l'impératif. Emploie la forme négative quand cela est nécessaire.

1. Don't drink in class. – 2. Put your hands up before speaking. – 3. Don't forget your homework. – 4. Don't eat chewing-gum. – 5. Listen carefully. – 6. Don't chat with your friend.

● Lorsque le professeur demande à ses élèves de ne pas faire quelque chose, il utilise *don't* suivi de la base verbale. Lorsqu'il leur demande de faire quelque chose, il utilise simplement la base verbale.

4 *Do's and don'ts.* Barre les ordres qui ne correspondent pas à ce que des parents peuvent dire à leurs enfants.

● Les parents ne demandent pas à leurs enfants :
– de ne pas faire leurs exercices (2) ;
– de mettre le chien mouillé dans leur lit (3) ;
– de mettre le chat dans la baignoire (4) ;
– de mettre leur vélo dans la cuisine (7) ;
– d'ouvrir le réfrigérateur toutes les cinq minutes (8) ;
– de manger du chocolat pour le dîner (10) ;
– de mettre leurs chaussettes sales sur la table (11) ;
– de ne pas enlever leur manteau (12).

Corrigés

23 Le groupe verbal

Les adverbes

1 Reformule la phrase avec l'adverbe entre parenthèses.

1. I drink coffee. (*never*) → I never drink coffee.
2. My brothers are hungry. (*always*) → My brothers are always hungry.
3. They don't go to the swimming-pool. (*often*)
→ They don't often go to the swimming-pool.
4. My doctor is very patient. (*usually*)
→ My doctor is usually very patient.
5. His parents take the train. (*sometimes*)
→ His parents sometimes take the train.

• Les phrases 1 et 5 sont au présent simple, à la forme affirmative ; l'adverbe de fréquence doit être placé entre le sujet et le verbe.

2 À l'aide des indications du tableau, indique de quelle jeune fille on décrit les habitudes.

	make cakes	read comics	listen to music	watch DVDs
Sheila	never	often	sometimes	always
Angela	sometimes	often	always	never
Pamela	sometimes	never	often	always

1. She often reads comics. She sometimes makes cakes. She never watches DVDs. She always listens to music.
Her name is Angela.
2. She often reads comics. She always watches DVDs. She never makes cakes. She sometimes listens to music.
Her name is Sheila.
3. She always watches DVDs. She often listens to music. She sometimes makes cakes. She never reads comics.
Her name is Pamela.

• Toutes les phrases des trois portraits contiennent des verbes d'action, employés au présent simple : les adverbes de fréquence sont donc placés entre le sujet et le verbe.

3 Comment dirais-tu que... ?

1. tu aimes beaucoup cette voiture : I like this car very much.
2. ton cousin américain parle très bien le français : My American cousin speaks French very well.
3. tu regardes toujours la télévision le soir : I always watch television in the evening.
4. ils vont souvent à l'école en bus : They often go to school by bus.
5. elle est toujours en retard pour l'école : She is always late for school.

• Phrases 1 et 2 : *very much* et *very well* se placent à la fin de la phrase pour ne pas séparer le verbe de son COD.

• Phrases 3 et 4 : ces phrases sont au présent simple. L'adverbe de fréquence se place entre le sujet et le verbe.

4 Forme des phrases à l'aide de ces mots en désordre.

1. likes / mother / much / my / jazz / very → My mother likes jazz very much.
2. them / she / plays / never / with / scrabble → She never plays scrabble with them.
3. early / cousins / always / are / my → My cousins are always early.
4. speak / well / she / very / French / does / ? → Does she speak French very well?
5. my / often / at / gets / up / mother / seven → My mother often gets up at seven.

• Phrases 1 et 4 : *very much* et *very well* se placent à la fin de la phrase pour ne pas séparer le verbe de son COD.

• Phrase 2 : l'adverbe *never* suffit à donner un sens négatif à la phrase. Il n'est pas accompagné de la négation *not*.

La phrase

24 Les questions

1 Transforme les phrases de ce texte en *yes-no questions*.

1. She is at the cinema.
2. She is going to see a detective film.
3. She likes detective films.
4. She took the bus to go to the cinema.
5. The film is starting at 4 o'clock.

1. Is she at the cinema?
2. Is she going to see a detective film?
3. Does she like detective films?
4. Did she take the bus to go to the cinema?
5. Is the film starting at four o'clock?

- Phrase 3 : cette phrase est au présent simple, à la forme affirmative. On utilise l'auxiliaire *do* (qui devient *does* à la troisième personne du singulier) pour construire la question.
- Phrase 4 : cette phrase est au prétérit, à la forme affirmative. On utilise l'auxiliaire *did* pour construire la question. On remet le verbe à la base verbale (*took* → *take*).

2 Regarde les réponses et trouve le mot interrogatif manquant.

1. Where are they going? – They're going to the country.
2. When are you coming? – Tomorrow.
3. What is your brother doing? – He's working.
4. Whose MP3 player is it? – It's Daniel's.
5. Who is it? – It's Patrick.

- Phrase 4 : la réponse contenant un cas possessif (« C'est à Daniel. ») nous montre que la question porte sur l'appartenance ; on utilise *whose*.
- Phrase 5 : la réponse (« C'est Patrick. ») nous montre que la question porte sur l'identité de la personne ; on utilise donc *who*.

3 Pose des questions portant sur les groupes de mots en italique.

1. Bob is running *because he's late.*
2. He is *eleven.*
3. His parents are *at the supermarket.*
4. Robert has got *two* sisters.

1. Why is Bob running?
2. How old is he?
3. Where are his parents?
4. How many sisters has Robert got?

- Phrase 4 : la question porte sur le nombre. On utilise *how many*.

4 Un bruit bizarre t'a empêché d'entendre la fin de la phase. Pose la question qui te permettra de comprendre de quoi on parle.

1. They are looking at some ?.
2. He comes from ?.
3. She is waiting for Mrs ?.
4. They are talking to ?.

1. What are they looking at?
2. Where does he come from?
3. Who is she waiting for?
4. Who are they talking to?

- Toutes les questions ont la même construction : mot interrogatif / auxiliaire / sujet / verbe suivi de la préposition qui l'accompagne.
- La phrase 2 est au présent simple. On construit la question à l'aide de l'auxiliaire *do* qui devient *does* à la 3e personne du singulier.

25 La phrase
Les phrases réduites

1 Donne des réponses brèves aux questions suivantes.

1. Can you swim? Yes, I can.
2. Do they like coffee? No, they don't.
3. Are you pleased? Yes, I am./Yes, we are.
4. Is she reading a book? Yes, she is.
5. Does he play cricket? No, he doesn't.
6. Have you got a computer? No, I haven't.

• On réutilise dans chaque phrase l'auxiliaire de la question, même s'il s'agit d'un auxiliaire modal (*can* dans la phrase 1).

• Phrase 7 : on a l'auxiliaire *have got* ; on ne reprend pas *got* dans la réponse brève.

2 Très occupé à savourer son plat, monsieur Glouton a une étrange manière de faire la conversation. Il n'attend pas vraiment de réponse. Complète ses phrases avec des questions tags.

1. It's a very good restaurant, isn't it?
2. It isn't a fast-food restaurant, is it?
3. You are hungry, aren't you?
4. The meat is good, isn't it?
5. The potatoes are delicious, aren't they?
6. We are happy, aren't we?

• On reprend dans chaque *question tag* l'auxiliaire qui correspond à la phrase de départ. On le met à la forme négative si la phrase de départ était affirmative.

3 Relie les morceaux de phrase pour obtenir des phrases complètes.

Tom's your brother, •	• aren't you?
It isn't cold, •	• aren't they?
Your car's red, •	• are they?
You are American, •	• is it?
His cousins aren't ready, •	• isn't it?
Your parents are at the theatre, •	• isn't he?

Réécris les phrases avec le tag qui correspond.

1. Tom's your brother, isn't he?
2. Your car's red, isn't it?
3. His cousins aren't ready, are they?
4. It isn't cold, is it?
5. You are American, aren't you?
6. Your parents are at the theatre, aren't they?

• Dans la phrase 2, on emploie le sujet *it* car le mot *car* (voiture) représente un objet.

4 Coche les bonnes réponses.

1. Dans une réponse brève, le sujet est toujours repris sous forme de pronom personnel.
☑ Vrai. ☐ Faux.
2. Dans un question tag, l'auxiliaire est toujours placé avant le sujet.
☑ Vrai. ☐ Faux.
3. Quand la première partie de la phrase est affirmative, le question tag :
☐ est affirmatif aussi. ☑ contient une négation.

• L'ordre des mots dans les *question tags* est toujours le même : auxiliaire (à la forme affirmative ou négative) suivi du sujet.

La phrase

26 Les nombres

1 Écris en lettres les nombres mentionnés dans ce dialogue.

At the bakery:
– Good morning, can I help you?
– Hello! I'd like a cake, please.
– What would you like?
– A big one for 8 (eight) people.
It's for my father's birthday. How much is this one?
– It's 22 (twenty-two) pounds.
– And that chocolate cake over there?
– 15 (fifteen) pounds.
– Ok, I'll take the chocolate cake. I want some candles too.
– How many?
– 38 (thirty-eight). No, no, 39 (thirty-nine) now.
– So that's 21 (twenty-one) pounds, boy! Here you are! Enjoy it and best wishes to your Dad!
– Thank you. Good bye!

- Les adjectifs cardinaux de 13 à 19 se terminent par *-teen*. Ceux qui correspondent à 20, 30, 40 etc. se terminent par *-ty*.
- Attention à l'orthographe de *forty*.

2 Écris les nombres en chiffres.

1. two hundred and seventy-eight : 278
2. four hundred and twenty-five : 425
3. five hundred : 500
4. seven hundred and ninety-two : 792
5. eight hundred and five : 805

- Note l'emploi de *and* avant la dizaine ou l'unité.

3 Relie l'écriture chiffrée et l'écriture littérale correspondante.

1st	ninth
3rd	third
9th	first
2nd	twelfth
12th	twentieth
20th	second

(1st – first; 3rd – third; 9th – ninth; 2nd – second; 12th – twelfth; 20th – twentieth)

- Attention à l'adjectif ordinal *twentieth* : le *y* de *twenty* devient *ie*.

4 Trouve le mot mystérieux en répondant aux questions. Inscris dans chaque case la lettre correspondante.

1. What's the second letter of the word *animal*? N
2. What's the first letter of the word *umbrella*? U
3. What's the third letter of the word *game*? M
4. What's the first letter of the word *bed*? B
5. What's the fifth letter of the word *garden*? E
6. What's the eighth letter of the word *November*? R

The mysterious word : N U M B E R

- En français, on utilise l'adjectif « second » quand il n'y a que deux éléments. Dans le cas contraire, on emploie le mot « deuxième ».

27 La phrase

La date et l'heure

1 Écris les dates suivantes en chiffres.

1. nineteen ninety-eight : 1998
2. eighteen sixty-nine : 1869
3. nineteen seventy-two : 1972
4. seventeen eighty-five : 1785
5. two thousand and three : 2003

● Exemple 5 : à partir de l'an 2000, la date se lit en commençant par les milliers *(thousand)*.

2 Écris en toutes lettres les dates données dans ce petit dialogue.

– Ben, when were you born?
– I was born in July.
– Yes, but when exactly? On the 14th? Like Bastille Day?
(July, the fourteenth seventeen eighty-nine)
– No fireworks for me. I was born on July the 31st 1994.
(July, the thirty first nineteen ninety four)

● Attention à bien former l'adjectif ordinal en ajoutant *-th* (*fourteen* → *fourteenth*). Voir l'unité 26. L'adjectif *first* est une exception à retenir.

3

1. It's ten past nine.

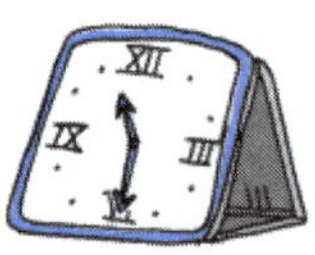

2. It's half past eleven.

3. It's (a) quarter to eight.

4. It's five to five.

5. I'ts (a) quarter past six.

6. I'ts half past twelve.

● Vérifie que tu as bien écrit les minutes d'abord et que tu n'as pas confondu *past* et *to*.

● Dans les phrases 3 et 5, on peut aussi bien dire *it's a quarter to…* que *it's quarter to…*

3. horse / ride / can / I / a

– ....

– ....?

4. I / ski / can / well / very

– ....

– ....?

Can't

À la forme négative, *can* devient *can't*. *Can't* est la forme contractée de ***cannot***.
Dans la conversation courante, elle est beaucoup plus employée que la forme pleine.

Exemple	Signification
1. *I **can't** call you tonight.* Je ne peux pas t'appeler ce soir. 2. *We **can't** speak English very well.* Nous ne savons pas très bien parler anglais.	incapacité, impossibilité
3. *You **can't** play in the morning.* Tu ne peux pas jouer le matin.	interdiction

3 Regarde les réponses de Kevin et Cindy aux questions suivantes et rédige des phrases.

	Kevin	Cindy
Can you play the piano?	Yes	No
Can you speak French?	No	Yes
Can you dance?	No	Yes
Can you make cakes?	Yes	No

Vérifie que tu as employé quatre fois l'auxiliaire *can't* (*can* à la forme négative).

1. Kevin can play the piano. Cindy ....
2. ....
3. ....
4. ....

4 Complète les phrases suivantes en utilisant *can* ou *can't*.

Entraîne-toi à dire ces phrases à voix haute. *Can* n'est pas accentué, il s'entend à peine, il se prononce [kən]. *Can't* est accentué, il se prononce [kɑːnt].

1. Horses .... fly.
2. Lions .... run very fast.
3. Elephants .... play football.
4. Kangaroos .... jump.
5. Hippos .... ski.
6. Fish .... speak English.

Must et mustn't

Must

- *Must* est un **auxiliaire modal**. Reporte-toi à l'unité 14 pour revoir les règles générales qui s'appliquent aux auxiliaires modaux.
- *Must* exprime **l'obligation.**

*You **must** go to bed.* Tu dois aller au lit.
*I **must** learn my lesson.* Je dois apprendre ma leçon.

1 **À peine rentré de l'école, Cinderello reçoit des ordres. Aide-le à comprendre ce qu'on l'oblige à faire.**

1. must / you / your / tidy / room → ....
2. bed / your / make / must / you → ....
3. hoovering / the / must / you / do → ....
4. you / do / shopping / the / must → ....
5. out / dog / must / the / take / you → ....

Toutes les phrases doivent commencer de la même manière.

Mustn't

- À la forme négative, *must* devient *mustn't*.
Mustn't est la forme contractée de ***must not***. Dans la conversation courante, elle est plus employée que la forme pleine.
- *Mustn't* exprime **l'interdiction.**

*You **mustn't** smoke.* Tu ne dois pas fumer.
*You **mustn't** use your mobile here.* Vous ne devez pas utiliser votre portable ici.

2 **Réagis aux phrases suivantes en utilisant *must* et *mustn't* comme dans l'exemple ci-dessous.**

Ex. : *John's playing football in his bedroom. He mustn't play football in his bedroom. He must play football in the garden.*

1. Susan is sleeping on the floor. ....

....

2. Bill is cooking in the bathroom. ....

....

3. The children are doing their homework in the hall. ....

....

4. Ben is putting the bottles of milk on the T.V. set. ....

....

3 **Complète les phrases suivantes en utilisant *can*, *can't* ou *must* et reconstitue ainsi deux petites conversations.**

1. .... I go to the swimming-pool?

– No, you .... You .... do your homework.

2. .... you come to Joe's birthday party?

– Yes, I .... But I .... tidy my room before going out.

Homework : devoirs ;
to tidy : ranger.

4 **Qu'expriment les phrases suivantes ? Coche les bonnes réponses.**

	Capacité	Impossibilité	Obligation	Interdiction
1. You mustn't smoke.	❑	❑	❑	❑
2. He can speak Italian.	❑	❑	❑	❑
3. She can run very fast.	❑	❑	❑	❑
4. He must do his homework.	❑	❑	❑	❑
5. I can't come today. I'm ill.	❑	❑	❑	❑
6. You mustn't drive too fast.	❑	❑	❑	❑

Révise bien l'unité 14
avant de faire cet exercice.

5 **Un bruit bizarre t'a empêché d'entendre une partie de la phrase.**
Pose la question qui te permettra de comprendre de quoi on parle.

1. Susan must get up at half ? . ...?
2. You can have ? after dinner. ....?
3. They must go to ? . ...?
4. They must call Mr ? . ...?
5. Peter can go to the restaurant on ? . ...?

Pense à utiliser des mots interrogatifs :
who, what, when, where, etc.

16 Le présent simple

Le présent simple. La forme affirmative

● En anglais, il existe deux formes de présent : le présent simple et le présent en ***be* + V-*ing*** (ou présent progressif). Pour parler des **actions habituelles**, des faits permanents, des vérités générales, on utilise le présent simple.

● Au présent simple, à la forme affirmative, on utilise la **base verbale** à toutes les personnes.
Attention, cependant, la base verbale prend **un *s* à la 3e personne du singulier**. Cette terminaison doit s'entendre et se prononce [s], [z] ou [iz].

I work	we work
you work	you work
he, she, it work**s**	they work

1 **Quels sujets peut-on relier à la forme verbale ci-dessous ? Écris l'une des phrases correctes ainsi obtenues.**

The boys ●		● Mr and Mrs Todd
Jenny ●	● speaks English ●	● Helen
My sister ●		● My parents

....

Observe bien la terminaison du verbe avant de choisir les sujets.

Les formes interrogative et négative

● Les formes interrogative et négative se construisent à l'aide de **l'auxiliaire *do***. *Do* devient ***does*** à la 3e personne du singulier.

Forme interrogative	Forme négative
do I work?	I don't work
do you work?	you don't work
does he, she, it work?	he, she, it doesn't work
do we work?	we don't work
do you work?	you don't work
do they work?	they don't work

● Sois attentif à l'ordre des mots.

Auxiliaire	Sujet	Base verbale
Do	you	smoke?

Sujet	Aux. + négation	Base verbale
He	doesn't	drive.

2 **Remets dans l'ordre les mots suivants pour construire des questions correctes.**

	Auxil.	Sujet	Base verb.	Complément
1. you / do / hamburgers / like ?				
2. your / tennis / does / play / sister ?				
3. their / speak / French / do / children ?				
4. take / does / he / the / bus ?				
5. T.V. / day / do / watch / you / every ?				

3 **Mets les phrases du texte suivant à la forme interrogative, puis négative.**

1. They get up early. – 2. Sandy drinks tea. 3. She likes tea very much. – 4. Her parents prefer coffee. – 5. They drink white coffee.

Rappelle-toi qu'aux formes interrogative et négative du présent simple, c'est *does* qui prend la terminaison *s* de la 3e personne du singulier.

Forme interrogative	Forme négative
1. Do they ....?	No, ...
2. ....?	No, ...
3. ....?	No, ...
4. ....?	No, ...
5. ....?	No, ...

Les réponses brèves au présent simple

Pour formuler une réponse brève au présent simple, on reprend le sujet sous la forme d'un pronom personnel et le verbe sous la forme de l'auxiliaire *do*.

*Do you like chocolate? – Yes, **I do**!*
*Do they often go to the cinema? – No, **they don't**.*
*Does Albert play football? – No, **he doesn't**.*

4 **Trouve la réponse brève correspondant à chacune de ces questions.**

1. Does your brother like cheese? – Yes, ...
2. Do you play squash? – Yes, ...
3. Does Peter often wear jeans? – No, ...
4. Do your parents want to sleep? – No, ...
5. Do you help your sister? – No, ...

Quand le sujet de la question est *you*, tu peux utiliser le pronom *I* ou le pronom *we* dans la réponse.

Le présent en *be + V-ing*

Le présent en *be + V-ing*. La forme affirmative

- Pour parler d'une action qui se déroule au moment où l'on parle, on emploie la forme verbale ***be + V-ing*** que l'on appelle aussi **présent continu** ou **présent progressif**.

I am working	we are working
you are working	you are working
he, she, it is working	they are working

- Voici l'ordre des mots dans une phrase au présent en *be + V-ing* :

Sujet	Auxiliaire *be*	Base verbale + *-ing*	Complément
He	is	eating	an apple.

1 Complète ce texte rédigé au présent en *be + V-ing*.

We are in the living-room.

1. I .... listen............... to my walkman.
2. Ann .... read............... a book.
3. David .... play............... computer games.
4. Mark .... watch............... a DVD.
5. Our parents .... drink............... a cup of tea.
6. We .... wait............... for our cousins.

Observe bien le sujet de chaque phrase avant de choisir l'auxiliaire. La terminaison du verbe dépend-t-elle du sujet ?

La forme interrogative

- Pour obtenir la forme interrogative, on fait passer **l'auxiliaire avant le sujet** (inversion).

Auxiliaire *Be*	Sujet	Base verbale + *-ing*
Are	they	working?

- Voici la conjugaison complète.

am I working?	are we working?
are you working?	are you working?
is he, she, it working?	are they working?

2 Retrouve les questions qui ont provoqué les réponses suivantes.

Ex. : *What are you doing? – I'm swimming.*

1. ....? – I am watching a cartoon.
2. ....? – We are speaking.

Observe bien l'exemple et construis les questions sur le même modèle.

3. ……………………………………? – They are playing golf.

4. ……………………………………? – He is drinking.

5. ……………………………………? – She is looking at a photo.

3 **Un bruit bizarre t'a empêché d'entendre une partie de la phrase. Pose la question qui te permettra de comprendre de quoi on parle.**

1. Peter is eating a ?.	1. ……………………………………?
2. Lucy is phoning her ?.	2. ……………………………………?
3. The children are going to ?.	3. ……………………………………?
4. Bob and Sally are watching a ?.	4. ……………………………………?
5. Shirley is ? in her room.	5. ……………………………………?

Les questions commencent toutes par un mot interrogatif : *who, what, where,* selon le cas.

La forme négative. Les réponses brèves

- Pour obtenir la **forme négative**, on ajoute la négation ***not*** après l'auxiliaire *be.*

Sujet	Auxiliaire *be* + négation	Base verbale + *-ing*
Peter	isn't	sleeping.

Voici la conjugaison complète.

I am not working	we are not working
you are not working	you are not working
he, she, it is not working	they are not working

- Pour former une **réponse brève** au présent en *be + V-ing*, on utilise un pronom personnel sujet suivi de l'auxiliaire *be.*

Are you working? – Yes, I am.
Is your mother watching T.V.? – No, she isn't.

4 **Trouve la réponse brève correspondant à chaque question.**

1. Are the children working? – Yes, ……………………….
2. Is Mary listening to records? – Yes, ……………………….
3. Are you going to the stadium? – No, ……………………….
4. Is it raining? – No, ……………………….
5. Is Philip washing his pullover? – Yes, ……………………….

Observe bien les sujets et les auxiliaires pour trouver les réponses brèves adéquates.

Présent simple ou présent en *be + V-ing* ?

L'emploi du présent simple

- Le présent simple sert à exprimer des actions habituelles, des faits permanents, des vérités générales.

*John **takes** the bus at eight.* John prend le bus à 8 heures. (action habituelle)
*The sun **rises** in the east.* Le soleil se lève à l'est. (vérité permanente)

- Il permet en particulier de parler de ses goûts, de ses sentiments (qui peuvent être considérés comme des faits permanents).

*I **like** chocolate.* J'aime le chocolat.

1 Coche les phrases qui évoquent une action habituelle.

1. Helen is playing cards. ❑
2. Gary tidies his room every day. ❑
3. She's phoning her friend. ❑
4. They're listening to the radio. ❑
5. We never watch horror films. ❑
6. He always cooks dinner. ❑
7. Kevin plays football on Sundays. ❑
8. Sandy is sleeping. ❑

Every day : tous les jours ; *always* : toujours ; *never* : jamais.

L'emploi du présent en *be + V-ing*

On emploie le présent en ***be + V-ing*** pour parler d'actions qui se déroulent au moment où l'on parle.

*What **is** he **doing**?* Que fait-il ? (en ce moment même, pendant qu'on parle)
*He**'s singing**.* Il chante.

2 Complète les questions suivantes avec un auxiliaire.

1. .... you understand?
2. .... Mary coming with us?
3. .... Peter and Jane going to the circus?
4. .... she take the bus every morning?
5. .... you writing a letter?
6. .... Dave making an omelette?
7. .... your parents buy fruit every day?

Selon les phrases, tu dois employer le présent simple ou le présent en *be + V-ing*. Quel est l'auxiliaire du présent simple à la forme interrogative ?

Sous quelle forme est le verbe quand la question est au présent simple ?

....

3 **Mets les phrases suivantes à la forme interrogative, comme dans l'exemple donné.**

Ex. : *Stephen is going to the zoo.* → *Is he going to the zoo?*

1. Helen is writing a letter. → ....
2. Bob buys a lot of chocolate. → ....
3. Karen is sitting on the sofa. → ....
4. Jane and Kate watch T.V. every day. → ....
5. The Browns are going to a party. → ....

N'oublie pas de toujours commencer par un auxiliaire.

Quelle information ?

Note bien que l'on ne donne pas la même information lorsque l'on dit :

She plays tennis. Elle joue au tennis. (Cela fait partie de ses activités.)

She is playing tennis. Elle joue au tennis. (Elle joue en ce moment.)

4 **Complète ce petit texte en mettant les verbes entre parenthèses au présent simple ou au présent en *be + V-ing*.**

Complète chaque zone avec un ou deux mots. Réfléchis bien à la forme verbale que tu dois employer.

It is Sunday today. 1. Sally is in the bathroom: she .... her hair (wash). – 2. She always .... her hair on Sundays (wash). – 3. Peter is in the kitchen: he .... a cake (make). – 4. He .... a cake every Sunday (make). – 5. Look! The children .... him because they .... cakes very much (help / like).

5 **Coche les bonnes réponses.**

1. On utilise le présent en *be + V-ing* pour parler :

❑ d'une action habituelle

❑ d'une action en train de se dérouler

2. Quelle est la phrase qui parle d'une action en train de se dérouler ?

❑ He is reading a magazine.

❑ They go to England every year.

❑ We watch T.V. on Sundays.

3. Dans une question au présent en *be + V-ing*, l'ordre des mots est :
auxiliaire + sujet + base verbale + *-ing*

❑ Vrai. ❑ Faux.

He's working hard!

19 *Be* au prétérit

La forme affirmative

● Le prétérit est un temps du passé. On l'utilise **pour parler d'événements passés, détachés du présent**, qui appartiennent à un passé révolu.

*I **was** in London last week.* J'étais à Londres la semaine dernière.

● *Be* est le seul verbe qui a deux formes au prétérit : ***was*** et ***were***.
Voici comment il se conjugue à la forme affirmative.

I was	we were
you were	you were
he, she, it was	they were

1 **Oliver raconte sa sortie scolaire à un camarade. Complète son récit avec la bonne forme de *be* au prétérit.**

1. Yesterday we .... at the theatre. – 2. The theatre .... in London, at Leicester Square. – 3. The play .... very good. It .... funny. – 4. The actors .... wonderful. – 5. I .... happy to go to the theatre and all my schoolfriends .... happy too.

A play **: une pièce de théâtre**

La forme interrogative

Pour obtenir la forme interrogative de *be*, on fait passer **l'auxiliaire avant le sujet**.

was I...?	were we...?
were you...?	were you...?
was he, she, it...?	were they...?

2 **Remets les mots dans le bon ordre pour construire des phrases à la forme affirmative ou à la forme interrogative.**

1. very / afternoon / was / it / sunny / yesterday

→ ....

2. Tuesday / last / your / where / were / parents / ?

→ ....

N'oublie pas de faire l'inversion pour construire des phrases interrogatives.
Last Tuesday **: mardi dernier.**

3. late / was / school / Jimmy / for / ?

→ ....

4. were / my / born / parents / America / in

→ ....

La forme négative

Pour obtenir la forme négative de *be*, on ajoute la négation ***not*** après l'auxiliaire.

Au singulier		Au pluriel	
Forme pleine	**Forme contractée**	**Forme pleine**	**Forme contractée**
I was not	I wasn't	we were not	we weren't
you were not	you weren't	you were not	you weren't
he, she, it was not	he, she, it wasn't	they were not	they weren't

3 **Vrai ou faux ? Complète les phrases suivantes avec la bonne forme de *be* au prétérit, à la forme affirmative ou négative.**

1. The Beatles .... English.
2. Christopher Colombus .... a famous painter.
3. Elvis Presley .... a rock singer.
4. Shakespeare .... American.
5. Laurel and Hardy .... famous actors.

Deux phrases sont fausses. Mets-les à la forme négative.

Les réponses brèves

On utilise un pronom personnel sujet suivi de l'auxiliaire *be*.
Was Margaret at school? ***Yes, she was.***
Was it a good film? ***No, it wasn't.***

4 **Donne des réponses brèves aux questions suivantes.**

1. Was the window open? No, ...
2. Was the dog in the garden? Yes, ...
3. Were you on holidays? No, ...
4. Was Jennifer angry? No, ...
5. Were your parents at home? Yes, ...

Observe bien les auxiliaires et les sujets avant de construire les réponses brèves.

20 Le prétérit : verbes réguliers et irréguliers

Les verbes réguliers

- Le prétérit est un temps du passé. Il sert à évoquer ce qui s'est passé hier, il y a trois mois, dans ton enfance, il y a des siècles...

*I **played** tennis yesterday.* J'ai joué au tennis hier.

- Le prétérit des verbes réguliers se termine par ***-ed*** à toutes les personnes.

live → ***lived*** [d] *work* → ***worked*** [t] *want* → ***wanted*** [id]

La terminaison doit s'entendre. On prononce [t], [d] ou [id] selon la voyelle ou la consonne qui précède.

1 Mets les verbes donnés au prétérit.

1. My friends .... the film. (*like*)
2. I .... my parents yesterday. (*call*)
3. Jimmy .... the photos two days ago. (*look at*)
4. The students .... a lot of questions. (*ask*)
5. We .... tennis last week. (*play*)

***Two days ago* : il y a deux jours.**
***Last week* : la semaine dernière.**

Les verbes irréguliers

- Un certain nombre de verbes ne forment pas leur prétérit en *-ed*. Ils ont une **forme irrégulière** qu'il faut apprendre par cœur. Cette forme est la même à toutes les personnes.

buy	I bought, you bought ...
go	I went, you went ...
take	I took, you took ...

- Reporte-toi à la liste de ces verbes irréguliers, page 17 du cahier des corrigés.

2 Pour parler de ce qui s'est passé lundi dernier, utilise les verbes suivants au prétérit : *see – buy – go – have – take.*

1. Last Monday, I .... to the cinema with my aunt. – 2. We .... a detective film. – 3. After the film, we .... dinner at a fast-food restaurant. – 4. We .... some strawberry ice cream. – 5. We .... the bus to get back home.

Consulte la liste des verbes irréguliers page 17.

Les formes interrogative et négative

- Les formes interrogative et négative se construisent à l'aide de **l'auxiliaire *did*** et de la base verbale. *Did* est le prétérit de *do*.
- Elles se construisent de la même façon pour les verbes réguliers et les verbes irréguliers.

Forme interrogative			
Auxiliaire	**Sujet**	**Base verbale**	**Compléments**
Did	you	see	John yesterday?

Forme négative			
Sujet	**Auxiliaire**	**Base verbale**	**Compléments**
I	didn't	like	the film.

3 **Ronald a fait un bien beau rêve. Mais au réveil, il s'aperçoit que tout est faux. Mets le récit de son rêve à la forme négative pour revenir à la réalité.**

1. It was my birthday yesterday. – 2. My best friends were with me. – 3. We played ball games in the garden. – 4. My parents made a delicious cake. – 5. I had some presents.

1. ....
2. ....
3. ....
4. ....
5. ....

Attention aux phrases 1 et 2 : dois-tu utiliser l'auxiliaire *did* ? (reporte-toi à l'unité 19)

Les réponses brèves

Pour former une réponse brève au prétérit, on utilise un pronom personnel sujet suivi de l'auxiliaire *did.*
Did you phone him yesterday? ***Yes, I did.***
Did she play tennis yesterday? ***No, she didn't.***

4 **Donne des réponses brèves aux questions suivantes.**

1. Did your sisters bring their rackets? Yes, ...
2. Did you like this book? No, ...
3. Were you tired yesterday? No, ...
4. Did the teacher talk to you? Yes, ...
5. Was the window open? Yes, ...

L'expression de l'avenir

Be going to + base verbale

- On peut exprimer l'avenir en utilisant *be going to* + base verbale. Cette construction convient bien pour **exprimer l'intention, la résolution** ou pour prédire un événement.
- Dans cette expression, l'auxiliaire *be* se conjugue au présent, *going to* et la base verbale restent invariables.

*I'm **going to buy** a motorbike.* Je vais acheter une moto.

- Aux **formes interrogative et négative**, on obtient :

Forme interrogative			
Auxiliaire	**Sujet**	***going to***	**Base verbale**
Are	you	going to	phone him?

Forme négative			
Sujet	**Auxiliaire *be + not***	***going to***	**Base verbale**
He	isn't	going to	sing.

- Pour formuler une **réponse brève**, on utilise un pronom personnel sujet suivi de l'auxiliaire *be*.

Are they going to decorate their room? ***No, they aren't.***
Is he taking the plane tomorrow? ***Yes, he is.***

1 **Mary-Alice vient de s'inscrire en colonie de vacances. Elle envoie un message à sa meilleure amie pour lui parler de toutes les activités qu'elle va faire. Aide-la à rédiger son message.**

1. Have tennis lessons. 2. Ride a mountain bike. 3. Swim in the sea. 4. Have picnics on the beach. 5. Play basket-ball.

1. ....
2. ....
3. ....
4. ....
5. ....

Construis toutes les phrases avec l'expression *be going to*. N'oublie pas de conjuguer l'auxiliaire *be*.

2 **Donne des réponses brèves aux questions suivantes.**

1. Are you going to take the train? No, ...
2. Is Tim going to buy a new car? No, ...
3. Are they going to have a party next Saturday? Yes, ...
4. Is Shirley going to visit Paris? Yes, ...

3 **Utilise les éléments donnés pour construire une question et donner une réponse négative.**

Ex. : *you / play tennis* → *Are you going to play tennis? No, I'm not.*

1. your parents / invite their friends

→ ....

2. Michael / call Laura

→ ....

3. your sister / do her homework

→ ....

4. you / take a taxi

→ ....

....

> **N'oublie pas que les *yes-no questions* commencent toujours par un auxiliaire (voir l'unité 24). Quel auxiliaire dois-tu employer ici ?**

Le présent en *be + V-ing*

Lorsque le sujet est un être animé et que la phrase contient **un complément indiquant l'idée de futur**, on peut aussi exprimer l'avenir en utilisant le présent en *be + V-ing.*

*He**'s leaving** tomorrow.* Il part demain.
*They**'re coming** at five.* Ils viennent à cinq heures.

4 **À partir des éléments donnés, construis deux phrases exprimant le futur.**

Ex. : *I / take the plane / tomorrow.* → *I'**m taking** the plane tomorrow.*
→ *I'**m going to take** the plane tomorrow.*

1. He / give a concert / tonight

→ ....

→ ....

2. I / play football / tomorrow

→ ....

→ ....

3. They / have a party / next Saturday

→ ....

→ ....

> **Rappelle-toi que tu as appris à parler de l'avenir en utilisant l'expression *be going to* ou le présent en *be + V-ing*.**

22 L'impératif

L'impératif à la forme affirmative

- En anglais, comme en français, on emploie l'impératif pour **donner des ordres**, des conseils (à la forme affirmative) ou formuler des interdictions (à la forme négative).
- Pour former une phrase impérative à la forme affirmative à la 2e personne du singulier ou du pluriel, on emploie **la base verbale sans sujet.**

***Give** me the key.* Donne-moi la clé. ***Open** the door.* Ouvrez la porte.

1 **Utilise des phrases à l'impératif pour demander à quelqu'un...**

1. de t'écouter : ....
2. de t'attendre : ....
3. d'ouvrir la porte : ....
4. de partir avant six heures : ....
5. d'écrire son nom : ....

Vocabulaire :
écouter : ***to listen to*** **;**
attendre : ***to wait for*** **;**
partir : ***to leave.***

L'impératif à la forme négative

À la forme négative, la base verbale est précédée de ***don't***.
***Don't wake** him up.* Ne le réveillez pas.
Don't worry. Ne t'inquiète pas.
***Don't smoke** here.* Ne fumez pas ici.

2 **Utilise l'impératif pour demander aux personnes de ne pas faire ce qu'elles font.**
Ex. : *He's eating his sandwich now.* → ***Don't eat** your sandwich now!*

1. He is writing on the walls.
→ .... !
2. She is sleeping in the armchair.
→ .... !
3. He is putting his shoes on his bed.
→ .... !
4. He is brushing his hair in the kitchen.
→ .... !
5. She is playing football in the living-room.
→ .... !

3 **Ton professeur voudrait rappeler certaines règles à respecter en classe. Complète les phrases en mettant les verbes donnés à l'impératif. Emploie la forme négative quand cela est nécessaire.**

Vérifie que tu as employé l'impératif quatre fois à la forme négative.

1. .... in class. (*drink*) – 2. .... your hands up before speaking. (*put*) – 3. .... your homework. (*forget*) – 4. .... chewing-gum. (*eat*) – 5. .... carefully. (*listen*) – 6. .... with your friend. (*chat*)

4 ***Do's and don'ts.*** **Barre les ordres qui ne correspondent pas à ce que des parents peuvent dire à leurs enfants.**

Les adverbes

Les adverbes de fréquence

- *Sometimes* (quelquefois), *usually* (habituellement), *often* (souvent), *always* (toujours), *never* (jamais) sont des adverbes qui permettent de **préciser à quelle fréquence** se produit l'action exprimée par le verbe.

*He is **always** late.* Il est toujours en retard.

- Attention, ces adverbes se placent **avant le verbe** quand celui-ci est employé sans auxiliaire.

*He **never** smokes.* Il ne fume jamais.
Retiens l'ordre : sujet (+ auxiliaire) + adverbe + verbe.

1 **Reformule la phrase avec l'adverbe entre parenthèses.**

1. I drink coffee. (*never*) → ....
2. My brothers are hungry. (*always*) → ....
3. They don't go to the swimming-pool. (*often*) → ....
4. My doctor is very patient. (*usually*) → ....
....
5. His parents take the train. (*sometimes*) → ....
....

Une phrase contient l'auxiliaire *do* suivi de la négation. Tu dois placer l'adverbe de fréquence juste après la négation.

2 **À l'aide des indications du tableau, indique de quelle jeune fille on décrit les habitudes.**

	make cakes	**read comics**	**listen to music**	**watch DVDs**
Sheila	never	often	sometimes	always
Angela	sometimes	often	always	never
Pamela	sometimes	never	often	always

1. She often reads comics. She sometimes makes cakes.
She never watches DVDs. She always listens to music.
Her name is ....
2. She often reads comics. She always watches DVDs.
She never makes cakes. She sometimes listens to music.
Her name is ....

3. She always watches DVDs. She often listens to music.

She sometimes makes cakes. She never reads comics.

Her name is ....

Les trois amies ont parfois des goûts communs. Lis bien chaque texte jusqu'au bout pour découvrir de qui il s'agit.

Well et *very much*

- *Well* et *very much* sont des adverbes exprimant **l'intensité** :
– *well* (adverbe correspondant à l'adjectif *good*) = bien ;
– *very much* = beaucoup.
- Observe ces deux exemples.

*She speaks English **well**.* Elle parle bien anglais.
*I like this book **very much**.* J'aime beaucoup ce livre.
Well et *very much* se placent **à la fin de la phrase**, après le groupe formé par le verbe et son complément.

3 Comment dirais-tu que... ?

Attention à l'ordre des mots. Réfléchis bien à la place de chaque adverbe.

1. tu aimes beaucoup cette voiture :

....

2. ton cousin américain parle très bien le français : ....

....

3. tu regardes toujours la télévision le soir : ....

....

4. ils vont souvent à l'école en bus : ....

....

5. elle est toujours en retard pour l'école : ....

....

4 Forme des phrases à l'aide de ces mots en désordre.

1. likes / mother / much / my / jazz / very → ....
2. them / she / plays / never / with / scrabble → ....
3. early / cousins / always / are / my → ....
4. speak / well / she / very / French / does / ?

→ .... ?

5. my / often / at / gets / up / mother / seven

→ .... ?

N'oublie pas qu'un adverbe ne doit jamais séparer un verbe de son COD. *To be early* = être en avance.

Les questions

Généralités

- Il existe **deux types de questions** :
– les *yes-no questions* auxquelles on répond par oui ou par non (questions ouvertes) ;
– les *wh-* questions qui sont introduites par des mots interrogatifs (questions fermées).

- Dans une phrase interrogative, on fait passer **l'auxiliaire avant le sujet.**
Quand la phrase affirmative ne contient pas d'auxiliaire, on fait appel à *do/does* (au présent) ou *did* (au prétérit) pour construire la forme interrogative.
Les ***yes-no* questions** commencent donc toujours par un auxiliaire.

Forme affirmative	Forme interrogative
He is in the bathroom.	***Is*** *he in the bathroom?*
They like chocolate.	***Do*** *they like chocolate?*

1 **Transforme les phrases de ce texte en *yes-no questions*.**

1. She is at the cinema. – 2. She is going to see a detective film. – 3. She likes detective films. – 4. She took the bus to go to the cinema. – 5. The film is starting at 4 o'clock.

1. ....? 2. ....

....? 3. ....?

4. ....? 5. ....

....?

Les phrases 3 et 4 ne contiennent pas d'auxiliaire à la forme affirmative. Pense à en utiliser un pour construire la forme interrogative.

Les *wh-questions*

On utilise	pour interroger sur	Exemples
what	la chose, l'action	*What are you drinking?* Que bois-tu ? *What are you doing?* Que fais-tu ?
who	l'identité de la personne	*Who is he calling?* Qui appelle-t-il ?
whose	l'appartenance	*Whose car is it?* À qui est cette voiture ?
when	le temps	*When is he coming?* Quand vient-il ?
where	le lieu	*Where are you going?* Où vas-tu ?
why	la cause	*Why is he angry?* Pourquoi est-il en colère ?

2 **Regarde les réponses et trouve le mot interrogatif manquant.**

1. .... are they going? – They're going to the country.

2. .... are you coming? – Tomorrow.

3. .... is your brother doing? – He's working.

4. .... MP3 player is it? – It's Daniel's.

5. .... is it? – It's Patrick.

Vérifie que tu as employé cinq mots interrogatifs différents (ils sont tous cités dans le tableau des *wh-questions*).

Les questions avec *how*

On utilise	pour interroger sur	Exemples
how	la manière	*How do you make this cake?* Comment fais-tu ce gâteau ?
how old	l'âge	*How old are you?* Quel âge as-tu ?
how many (+ dénombrable au pluriel)	le nombre	*How many DVDs have you got?* Combien de DVD as-tu ?
how much (+ indénombrable)	la quantité	*How much milk do you want?* Combien de lait veux-tu ?
	le prix	*How much is it?* Combien cela coûte t-il ?

3 **Pose des questions portant sur les groupes de mots en italique.**

1. Bob is running *because he's late.* 1. ....?
2. He is *eleven.* 2. ....?
3. His parents are *at the supermarket.* 3. ....?
4. Robert has got *two* sisters. 4. ....?

Tu dois construire des *wh-questions* et des questions avec *how*.

Place de la préposition

Quand le verbe utilisé dans la phrase interrogative se construit avec une préposition, cette préposition doit rester après le verbe dans la question.

Where do you come ***from****?* D'où viens-tu ?
What are you looking ***at****?* Qu'est-ce que tu regardes ?

4 **Un bruit bizarre t'a empêché d'entendre la fin de la phase. Pose la question qui te permettra de comprendre de quoi on parle.**

1. They are looking at some ?. 1. ....?
2. He comes from ?. 2. ....?
3. She is waiting for Mrs ?. 3. ....?
4. They are talking to ?. 4. ....?

Les phrases réduites

Les réponses brèves

● En anglais, on répond rarement par *yes* ou *no* employés seuls. On utilise :

Yes + pronom pers. sujet + auxiliaire, dans le cas d'une **réponse affirmative**.

Do *you speak French? –* ***Yes, I do.*** Parlez-vous français ? – Oui.
Can *you play the violin? –* ***Yes, I can.*** Sais-tu jouer du violon ? – Oui.

No + pronom pers. sujet + auxiliaire + négation, dans le cas d'une **réponse négative**.

Are *the children sleeping? –* ***No, they aren't.*** Les enfants dorment-ils ? – Non.
Have *they got a dog? –* ***No, they haven't.*** Ont-ils un chien ? – Non.

● Attention, dans une réponse brève à la forme affirmative, on ne doit pas employer de forme contractée.

Are you tired? ***Yes, I am.***

1 Donne des réponses brèves aux questions suivantes.

1. Can you swim? Yes, ...
2. Do they like coffee? No, ...
3. Are you pleased? Yes, ...
4. Is she reading a book? Yes, ...
5. Does he play cricket? No, ...
6. Have you got a computer? No, ...

Observe bien les sujets et les auxiliaires pour construire les réponses brèves.

Les question tags

● Les question tags servent généralement à demander confirmation ; ils peuvent aussi exprimer la surprise. Ils sont l'équivalent du français « **n'est-ce pas ?** » mais sont employés beaucoup plus systématiquement que ne l'est cette locution en français.

● Construction des tags

1re partie affirmative → tag avec une négation : auxiliaire + *not* + pronom personnel

(+) (−)

It's delicious, ***isn't it?*** C'est délicieux, n'est-ce pas ?

1re partie négative → tag sans négation : auxiliaire + pronom personnel

(−) (+)

My parents aren't late, ***are they?*** Mes parents ne sont pas en retard, n'est-ce pas ?

● Tu remarques que le question tag est toujours précédé d'une virgule et suivi d'un point d'interrogation. Pourtant, il n'est généralement **pas une vraie question** : on n'attend pas de réponse. C'est pourquoi l'intonation des question tags n'est pas montante mais descendante.

2 **Très occupé à savourer son plat, monsieur Glouton a une étrange manière de faire la conversation. Il n'attend pas vraiment de réponse. Complète ses phrases avec des questions tags.**

1. It's a very good restaurant, ...? 2. It isn't a fast-food restaurant, ...? 3. You are hungry, ...? 4. The meat is good, ...? 5. The potatoes are delicious, ...? 6. We are happy, ...?

N'oublie pas qu'il faut employer un tag négatif lorsque la première partie de la phrase est affirmative.

3 **Relie les morceaux de phrase pour obtenir des phrases complètes.**

Tom's your brother, •	• aren't you?
It isn't cold, •	• aren't they?
Your car's red, •	• are they?
You are American, •	• is it?
His cousins aren't ready, •	• isn't it?
Your parents are at the theatre, •	• isn't he?

Pour ne pas te tromper, il faut observer à la fois l'auxiliaire et le sujet employés dans la première partie de la phrase.

Réécris les phrases avec le tag qui correspond.

1. ....?
2. ....?
3. ....?
4. ....?
5. ....?
6. ....?

4 **Coche les bonnes réponses.**

1. Dans une réponse brève, le sujet est toujours repris sous forme de pronom personnel.

❑ Vrai. ❑ Faux.

2. Dans un question tag, l'auxiliaire est toujours placé avant le sujet.

❑ Vrai. ❑ Faux.

3. Quand la première partie de la phrase est affirmative, le question tag :

❑ est affirmatif aussi. ❑ contient une négation.

26 Les nombres

Les adjectifs cardinaux de 1 à 90

1	one	12	twelve	30	thirty
2	two	13	thirteen	31	thirty-one
3	three	14	fourteen	32	thirty-two…
4	four	15	fifteen	40	forty
5	five	16	sixteen	50	fifty
6	six	17	seventeen	60	sixty
7	seven	18	eighteen	70	seventy
8	eight	19	nineteen	80	eighty
9	nine	20	twenty	90	ninety
10	ten	21	twenty-one		
11	eleven	22	twenty-two…		

1 Écris en lettres les nombres mentionnés dans ce dialogue.

At the bakery:

– Good morning, can I help you?

– Hello! I'd like a cake, please.

– What would you like?

– A big one for 8 (……………………) people. It's for my father's birthday. How much is this one?

– It's 22 (……………………) pounds.

– And that chocolate cake over there?

– 15 (……………………) pounds.

– Ok, I'll take the chocolate cake. I want some candles too.

– How many?

– 38 (……………………). No, no, 39 (……………………) now.

– So that's 21 (……………………) pounds, boy!

Here you are! Enjoy it and best wishes to your Dad!

– Thank you. Good bye!

> ***Bakery*** **: boulangerie ;**
> ***candles*** **: bougies ;**
> ***best wishes*** **: meilleurs vœux.**

100 et plus

- Observe comment on forme les adjectifs cardinaux **à partir de 100.**

100	a / one hundred
101	a / one hundred and one
110	a / one hundred and ten
200	two hundred
295	two hundred and ninety-five

● Retiens que :
– *hundred* ne prend **pas d's** ;
– quand on n'a pas un nombre entier de centaines, *hundred* est suivi de *and*.
He has got ***two hundred and twenty-five*** *stamps.* Il a deux cent vingt-cinq timbres.

2 **Écris les nombres en chiffres.**

Vérifie que tous les nombres que tu as écrits comptent trois chiffres.

1. two hundred and seventy-eight : ....
2. four hundred and twenty-five : ....
3. five hundred : ....
4. seven hundred and ninety-two : ....
5. eight hundred and five : ....

Les adjectifs ordinaux

● Voici **la liste à retenir.**

1st	first	8th	eighth	20th	twentieth
2nd	second	9th	ninth	21st	twenty-first
3rd	third	10th	tenth	30th	thirtieth
4th	fourth	11th	eleventh	31st	thirty-first
5th	fifth	12th	twelfth	32nd	thirty-second
6th	sixth	13th	thirteenth	100th	hundredth
7th	seventh				

● On utilise ces adjectifs en particulier dans les noms de souverains.
Elizabeth ***the Second*** (Elizabeth II), *Richard* ***the Third*** (Richard III), *Henry* ***the Eighth*** (Henry VIII).

3 **Relie l'écriture chiffrée et l'écriture littérale correspondante.**

1st ●	● ninth	2nd ●	● twelfth
3rd ●	● third	12th ●	● twentieth
9th ●	● first	20th ●	● second

Note l'orthographe irrégulière de *ninth* et *twelfth*.

4 **Trouve le mot mystérieux en répondant aux questions. Inscris dans chaque case la lettre correspondante.**

1. What's the second letter of the word *animal*? ....
2. What's the first letter of the word *umbrella*? ....
3. What's the third letter of the word *game*? ....
4. What's the first letter of the word *bed*? ....
5. What's the fifth letter of the word *garden*? ....
6. What's the eighth letter of the word *November*? ....

The mysterious word : ☐ ☐ ☐ ☐ ☐ ☐

Umbrella **: parapluie ;** ***game*** **: jeu.**

27 La date et l'heure

La date

- Pour lire **une année**, on dit d'abord les deux premiers chiffres, puis les deux derniers :
Pour lire 1998, on dit *nineteen ninety-eight.*
Attention, à partir de 2000, on lit l'année comme en français, en commençant par les milliers. Pour dire 2005, on dit *two thousand and five* (*thousand* est invariable).

- En anglais, **les jours et les mois** s'écrivent avec une majuscule.

Jours de la semaine	Mois de l'année	
Monday	January	July
Tuesday	February	August
Wednesday	March	September
Thursday	April	October
Friday	May	November
Saturday	June	December
Sunday		

- Écriture et lecture d'une **date complète**.

On écrit :	*July 14th, 1789*	ou	*14th July 1789*
On dit :	*July, the fourteenth seventeen eighty-nine*	ou	*the fourteenth of July seventeen eighty-nine.*

1 **Écris les dates suivantes en chiffres.**

1. nineteen ninety-eight : ....
2. eighteen sixty-nine : ....
3. nineteen seventy-two : ....
4. seventeen eighty-five : ....
5. two thousand and three : ....

Pour les quatre premières dates qui sont antérieures à 2000, on dit d'abord les deux premiers chiffres.

2 **Écris en toutes lettres les dates données dans ce petit dialogue.**

– Ben, when were you born?

– I was born in July.

– Yes, but when exactly? On the 14th? Like Bastille Day? (..)

– No fireworks for me. I was born on July the 31st 1994.

(..)

Le 14 juillet se dit *Bastille Day* en anglais! *Fireworks* signifie « feux d'artifice ».

L'heure

- Regarde bien ces pendules.

It's five o'clock. / It's five.

It's ten past five.

It's a quarter past five.

It's half past five.

It's twenty to six.

It's a quarter to six.

- Tu remarques que, pour donner l'heure en anglais :
– on exprime les minutes avant les heures ;
– on utilise la préposition *past* (après) quand l'aiguille est sur la moitié droite du cadran et la préposition *to* (jusqu'à) quand elle est sur la moitié gauche.

3 **Quelle heure est-il ? Inscris l'heure sous chaque pendule ou dessine les aiguilles.**

1. ....

2. ....

3. ....

4. ....

5. I'ts (a) quarter past six.

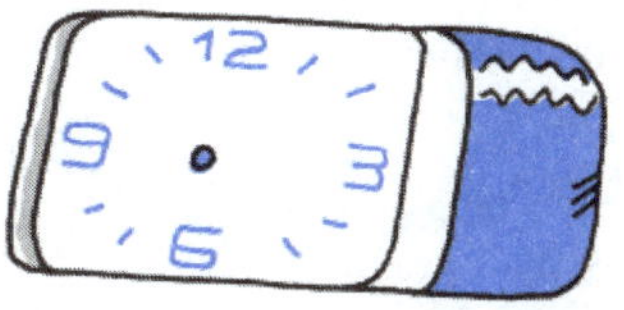
6. I'ts half past twelve.

N'oublie pas que, pour dire l'heure en anglais, on commence par donner les minutes.

Lexique des exercices

A

actor: acteur
actress: actrice
after: après
afternoon: après-midi
airport: aéroport
all: tout, tous
always: toujours
American: américain
angry: en colère
apple: pomme
April: avril
armchair: fauteuil
August: août
aunt: tante

B

bag: sac
ball: ballon
bank: banque
bath: bain, baignoire
bathroom: salle de bains
beach: plage
beautiful: beau
because: parce que
bed: lit
bedroom: chambre
before: avant
behind: derrière
best: meilleur
between: entre
bicycle: vélo
big: grand
bike: vélo
bird: oiseau
birthday: anniversaire
blue: bleu
boat: bateau
book: livre
bookseller: vendeur de livres
boot: botte
born (to **be**): né (être)
bottle: bouteille
box: boîte
boy: garçon
bread: pain
breakfast: petit déjeuner
bridge: pont
brother: frère
brush: brosse
brush (to): (se) brosser
bus: autobus
butter: beurre
buy (to): acheter

C

cake: gâteau
call (to): appeler
camera: appareil photo
cap: casquette
car: voiture
card: carte
carefully: attentivement
cartoon: dessin animé
cat: chat
chair: chaise
chat (to): bavarder
cheap: bon marché
cheese: fromage
chicken: poulet
child (pl. children): enfant
circus: cirque
classroom: salle de classe
clock: pendule
coat: manteau
coffee: café
cold: froid
colour: couleur
come (to): venir
comics: bande dessinée
computer: ordinateur
cook (to): faire la cuisine
cookies: biscuits
country: pays, campagne
cousin: cousin
cup: tasse

D

dance (to): danser
daughter: fille (≠ fils)
day: jour
December: décembre
delicious: délicieux
dentist: dentiste
desk: bureau
detective film: film policier
difficult: difficile
dinner: dîner
dirty: sale
do (to): faire
doctor: médecin
dog: chien
dolphin: dauphin
door: porte
dress: robe
drink: boisson
drink (to): boire
drive (to): conduire

E

early: tôt, en avance
easy: facile
eat (to): manger
egg: œuf
engineer: ingénieur
English: anglais
escalator: escalator
every: chaque
exercise: exercice
expensive: cher

F

famous: célèbre
fast: rapide
father: père
February: février
first: premier
fish: poisson
floor: sol
flower: fleur
fly (to): voler
food: nourriture
forget (to): oublier
fox: renard
French: français

Friday: vendredi
fridge: réfrigérateur
friend: ami
from: de (*provenance*)
funny: amusant

G

game: jeu
garden: jardin
gardener: jardinier
get back (to): rentrer
get up (to): se lever
girl: fille
give (to): donner
glass: verre
glasses: lunettes
go (to): aller
go down (to): descendre
go out (to): sortir
good: bon
grandfather: grand-père
grandmother: grand-mère

H

hair: cheveux
hairdresser: coiffeur
hall: entrée
hand: main
happy: heureux
hard: dur
hat: chapeau
have (to): avoir
have a bath (to): prendre un bain
head: tête
heavy: lourd
help (to): aider
high: haut
hippo: hippopotame
holiday: vacances
home (at): maison (à la)
homework: devoirs
hoovering (to do the): passer l'aspirateur
horror: horreur
horse: cheval
hour: heure
house: maison
hundred: cent
hungry: affamé

I, J, K

ice cream: glace
ill: malade
in: dans
in front of: devant
into: dans
invite (to): inviter
Italian: italien
January: janvier
July: juillet
jump (to): sauter
June: juin
kangaroo: kangourou
key: clef
kitchen: cuisine
knife: couteau

L

ladder: échelle
last: dernier
late: tard, en retard
letter: lettre
librarian: bibliothécaire
like (to): aimer (*apprécier*)
listen (to): écouter
little: petit
live (to): vivre
living-room: salon
look at (to): regarder
lunch: déjeuner

M

make (to): faire
man (pl. men): homme
March: mars
match: allumette
May: mai
meat: viande
milk: lait
mobile (phone): (téléphone) portable
Monday: lundi
money: argent
morning: matin
mother: mère
mountain: montagne
mountain bike: V.T.T.
mouth: bouche
much: beaucoup
music: musique

N

name: nom
near: près de
nephew: neveu
nest: nid
never: jamais
new: neuf, nouveau
newspaper: journal
next: prochain
nice: gentil
noise: bruit
November: novembre
now: maintenant
nurse: infirmière

O, P

October: octobre
often: souvent
old: vieux
on: sur
open: ouvert
orange juice: jus d'orange
painter: peintre
park: parc
park (to): se garer
party: fête
pen: stylo
pencil case: trousse
pet: aminal domestique
phone (to): téléphoner
piece of: morceau de
plane: avion
play: pièce de théâtre

play (to): jouer
player: joueur, euse ; lecteur (*appareil*)
pleased: content
pocket: poche
policeman: policier
poster: affiche
postman: facteur
potato: pomme de terre
present: cadeau
put (to): mettre, poser
put.... up (to): lever

R

rabbit: lapin
racket: raquette
rain (to): pleuvoir
read (to): lire
ready: prêt
record: disque
red: rouge
ride (to): faire du vélo ou monter à cheval
right: juste
river: rivière, fleuve
roof: toit
room: chambre
run (to): courir

S

sad: triste
salt: sel
Saturday: samedi
school: école
schoolfriend: camarade de classe
sea: mer
second: deuxième
see (to): voir
September: septembre
set (T.V.): poste de télévision
shirt: chemise
shoe: chaussure
shopping: courses
sing (to): chanter
singer: chanteur
sister: sœur
sit (to): être assis
ski (to): skier
sleep (to): dormir
small: petit
smoke (to): fumer
sock: chaussette
sofa: canapé
sometimes: quelquefois
son: fils
song: chanson
speak (to): parler
stadium: stade
stairs: escalier
start (to): commencer
strawberry: fraise
street: rue
student: étudiant
sugar: sucre
Sunday: dimanche
sunny: ensoleillé
supermarket: supermarché
sweet: bonbon
swim (to): nager
swimming-pool: piscine

T

take (to): prendre
take off (to): enlever (*un vêtement*)
take...out (to): sortir
talk (to): parler
tall: grand
tea: thé
teacher: professeur
third: troisième
Thursday: jeudi
ticket: billet
tidy (to): ranger
time: temps
tired: fatigué
today: aujourd'hui
tomato: tomate
tomorrow: demain
tonight: ce soir
too: aussi
tooth (pl. teeth): dent
toothpaste: dentifrice
tourist: touriste
tree: arbre
Tuesday: mardi

U, V

umbrella: parapluie
uncle: oncle
under: sous, en dessous de
understand (to): comprendre
university: université
usually: habituellement
vegetable: légume
very: très
visit (to): visiter

W, Y

wait for (to): attendre
wall: mur
want (to): vouloir
warm: chaud
was (pret. de be): être (*au passé*)
wash (to): laver
watch: montre
watch (to): regarder
wear (to): porter (*un vêtement*)
Wednesday: mercredi
week: semaine
well: bien
were (pret. de be): être (*au passé*)
wet: mouillé
white: blanc
who: qui
wife: femme (*épouse*)
window: fenêtre
with: avec
woman (pl. women): femme
wonderful: merveilleux
word: mot
work: travail
work (to): travailler
write (to): écrire
wrong: faux

Y

year: année
yellow: jaune
yesterday: hier
young: jeune

Index grammatical

A

a, an 8
a lot of 13
adjectif cardinal. 56
adjectif de nationalité 23
adjectif ordinal 57
adjectif qualificatif 22
adverbe 50
any 12
article défini. 10
article indéfini 8
article zéro. 8, 11
at 25
auxiliaire modal 32, 34
avenir (expression de l') 46

B, C

be (au présent) 26, 28, 15
be (au prétérit) 42, 15
be going to 46
can 32
can't 33
cas possessif 16

D

date 58
démonstratif 18
dénombrable. 6
déterminant possessif 14
did 44
do 36

F, G, H

from 25
génitif. 16
have got. 30, 15
heure 59
his, her, its. 14
how...?. 53

I

impératif 48
indénombrable 6
interrogatif (mot) 52

M, N

modal (auxiliaire) 32, 34
must. 34
mustn't 34
nom 6, 7
nombres 56

P

phrase réduite. 54
pluriel (du nom) 6, 7
possession (expression de la) 14, 16, 17
préposition (place de la). 53
préposition de lieu 24
présent en be + V-ing (ou présent progressif) 38, 40, 47
présent simple 36, 40
prétérit 44
pronom personnel 20

Q, R, S

quantité (expression de la) . . 12
question. 52
question tag 54
réponse brève 21, 27, 28, 31, 37, 39, 43, 45, 54
some 12

T

the 10
there is, there are 28
these, those. 18
this, that 18
to (préposition) 25

V, W

verbe irrégulier 44, 16, 18
very much 51
was, were 42
well 51
what...? 52
when...?. 52
where...? 52
who...?. 52
whose...?. 17, 52
why...?. 52

Imprimé en France, sur les presses de l'imprimerie Hérissey à Évreux
Dépôt légal n° 81214 - juin 2007 - N° d'impression : 105292